"품위 있는 골동품으로 ～～～ 사냥!"

김혜정 사모님께!

가치있게 나이드는법

사랑하는 慧菌님께

東承 드림

"단 한번 뿐인 人生에서
잘 시작하는 것이 중요하지만
잘 끝내는 것은 더욱
중요하다."
2012년 5월 3일

무엇이 인생을 의미 있게 만드는가?
가치있게 나이 드는 법

| 전혜성 지음 |

Prologue
당신 인생의 값은 얼마입니까

동암문화연구소에는 오래된 물건이 많다. 남편 고 고광림 박사가 중학생 때 필기한 노트, 아이들이 아주 어렸을 적부터 읽던 책과 교재, 내가 읽던 책과 쓰던 노트 및 자료, 가족끼리 찍은 수천 장의 사진, 이제는 유물처럼 남은 옛 컴퓨터 등 나와 아이들만큼 나이 든 물건들이 먼지가 켜켜이 쌓인 채 고스란히 남아 있다.

동암문화연구소를 찾아온 사람들은 무엇 때문에 내가 이 책들과 자료들을 하나도 버리지 않고 지니고 있는지 궁금해한다. 이런 물건들을 객관적인 값으로 치면 얼마가 될지는 모르겠다. 하지만 나에게는 값으로 환산하기 어려운 물건들이다. 이 물건들은 비록 객관적인 상품의 가치는 잃었을지 모르지만, 삶의 가치를 담고 있는 소중한 것들이다.

가치란 그런 것이다. 가치의 사전적 의미는 '쓸모'와 '보람'이다. 사람들은 보통 쓸모가 더 맞는 뜻이라고 생각하지만 나는 보람이 더 좋은 의미라고 생각한다. 물건이 오래되면 쓸모가 없어지지만 대신 그 물건을 통해 얻은 보람은 더 커지기 때문이다. 그래서 낡은 물건이라도 보람이 커지면 가치를 잃지 않는 것이다.

사람의 가치, 삶의 가치도 그런 것이다. 나이를 먹으면 젊었을 때보다 세상에 쓸모가 적어진다고 생각할지 모르지만, 나이 들면서 찾는 보람이 커진다면 가치 있는 삶으로 존재할 수 있다. 우리가 가치 있게 나이 든다는 것은 그런 보람의 크기를 높이는 것이다.

청춘이 가는 것을, 나이 드는 것을, 늙는 것을 사람들은 서러워한다. 하지만 지나간 세월을 돌이킬 수 없는 것처럼 가는 세월을 붙잡을 수도 없다. 나이가 드는 것을 안타깝게 생각할 필요는 없다. 나만 나이를 먹는 게 아니므로. 우리가 정말 안타까워해야 할 것은 나이를 먹으면서 우리 삶의 가치가 떨어지는 것이다.

가치 있게 나이 드는 것이야말로 시간적 존재로 사는 우리가 할 수 있는 최선이다. 이것이 내가 학자로서, 그리고 나이 든 사람으로서 나이 드는 것을 느끼기 시작한 사람들에게 전하고 싶은 얘기다. 나처럼 나이 든 사람들은 그런 소명 의식이 있어야 한다고 생각한다.

가치 있게 나이 드는 법은 삶의 보람을 계속 키워 가는 것이다. 인생의 박물관을 짓는다는 마음으로 말이다.

누군가에게 의미가 되는 삶

세상을 살다 보면 어느 순간 내가 어디쯤 서 있으며, 어디쯤 가고 있는가에 대한 의문이 들 때가 온다. 지금껏 열심히 연구해 온 학자라면 나의 연구가 어느 정도 진척되었는지, 세상이 나의 업적을 어떻게 평가해 주는지를 돌아보며 기쁨과 실망감을 맞이하는 순간이 온다.

회사원이라면 젊은 시절 열심히 노력하여 들어간 회사에서 이미 중견 직급이 되었으나 시간이 갈수록 내가 일하는 곳에서 얼마나 더 성과를 낼 수 있을지, 이 회사를 떠난 후에는 또 무엇을 하며 살 것인지에 대한 막연한 두려움과 걱정이 몰려오기도 한다. 결혼하고 자녀를 낳아 기르는 부모라면 시간 가는 줄 모르고 자식을 키워 시집 장가까지 보낸 후 지금껏 나의 인생에 남은 것이 무엇인가 하는 허탈감을 가지는 순간을 맞게 된다.

인생에서 마주치는 이런 순간을 어떻게 받아들이고 보내느냐에 따라 삶의 보람과 긍지를 느끼기도 하고, 삶의 방향을 잃고 좌절과 고민에 빠지기도 한다.

젊은 시절 나는 어디에서건 혼자였고, 처음이었다. 열아홉 나이에 해방된 조국에 보람된 역할을 하고 싶은 마음 하나로

온 미국에서 소수 민족인으로, 동양인 여자로 할 수 있는 일은 별로 없어 보였다.

대한민국이 지구 어디에 있는지조차 관심을 가지지 않던 미국 사회에서 받을 수밖에 없던 멸시와 차별에 마음이 상한 적도 많았다. 하지만 나는 늘 내가 하는 일 하나하나가 모두 서구 사회에 동양과 한국을 알릴 수 있는 개척의 길이 될 것이라는 자부심을 잃지 않았고, 처음이라는 두렵고도 긴장되는 시간의 언덕을 넘어 내가 선구자가 될 수 있다는 보람찬 흥분을 느끼며 지금까지 살아왔다.

이역만리 미국 땅에 건너와 여섯 남매를 키우며 공부를 계속하는 나에게 억척스럽다고 말하는 사람도 있었지만 나는 성공하겠노라는 일념으로 지금까지 달려온 것이 아니다. 타국까지 와서 아이들을 기르며 내가 한 공부가 하나의 이론이 되고 실행이 되어 미약하나마 조국과 세상에 도움이 되었으면 좋겠다고 생각했다.

내가 지금까지 추구해 온 삶이 어떤 삶이라고 한마디로 말하기는 어렵지만 나는 적어도 누군가에게 의미가 되는 삶, 누구에게나 가치가 있는 사람, 가치 있는 삶을 살고자 노력했다.

가치 있는 삶이란 내가 할 수 있는 아주 사소한 일이라도 그것이 나만을 위한 것이 아닌, 앞으로 나와 같은 이상을 추구해 가는 누군가에게 도움이 되는 삶이다. 나는 지금까지 학자로서 항상 외롭고 힘든 길을 걸어왔지만 늘 나의 후손들에게 한 단계 도약할 작은 발판이라도 되고자 했다. 그 일념으로 지금까지 공부와 연구, 봉사를 멈추지 않고 살아왔다.

세상이란 거대한 수레바퀴를 돌리는 작은 동력

언젠가 나와 같은 길을 걷는 후배가 아무도 자신의 연구에 관심을 가져 주지 않고, 조언을 얻기도 힘들다며 내게 하소연한 적이 있다. 나는 "혼자서 모든 일을 해낸다고 생각하기보다 너와 함께 걸어갈 사람들을 위한 길을 닦는다고 생각해 보라"고 조언해 주었다.

세상은 홀로 살아가는 것이 아니다. 내가 지금 하는 일이 힘들고 어려울지라도 세상이라는 거대한 수레바퀴를 돌리는 하나의 동력이 된다고 생각하면 용기를 얻을 수 있다.

물레방아는 세찬 물살이 쏟아지면 물레가 돌아가고 물살의 힘으로 곡식을 찧는다. 물레 위로 시원하게 쏟아지는 물은 수만 개의 물줄기로 이루어져 있다. 그 한 줄기 한 줄기가 모여 수천수만 개의 센 물살이 되는 것처럼 우리 각자의 삶도 모이고 모여 세상을 움직이는 폭포처럼 거대한 물이 된다.

가치 있는 삶이란 이처럼 세상이라는 거대한 수레바퀴의

동력이 되는 삶이다. 아무리 사소한 것이라도 우리가 지금 하는 일은 세상을 움직이게 하는 거룩한 동력이 된다. 나는 지금껏 그 소중한 동력이 되고자 평생을 살아왔다.

요즘 내가 지내는 휘트니 센터에서도 내가 추구하는 가치 있는 삶을 사는 노인을 많이 만난다. 예일대 근처에 있는 휘트니 센터는 은퇴한 노인들을 위한 복지 기관으로, 노인들이 생활하기 편리하도록 아파트 형태로 지어진 곳이다. 나도 벌써 나이가 여든하나지만 이곳에는 아흔을 넘긴 노인도 많이 살고 있다. 몸이 늙고 쇠약해져 기구에 의지해 걷는 노인들도 있지만 한결같이 자신의 삶에 충실히 살아가고 있다.

휘트니 센터는 사회에서는 은퇴를 했다고 하나 삶에서는 은퇴하지 않은 노인들이 사는 곳이다. 연로한 나이에도 비영리 단체를 설립해 환경 운동을 꾸준히 하는 분도 있고, 아흔을 바라보는 나이에 매일같이 빈 병과 깡통을 주워 팔아 휘트니 센터에서 봉사하는 스태프들을 위해 기증하는 분도 있다. 의과 대학에서 은퇴했지만 계속 출강하여 학생들에게 학교에서 배울 수 없는 장애인 치료법을 따로 지도해 주는 분도 있다. 나이 들었다고 하루하루를 그저 흘려보내는 사람은 아무도 없다.

소중한 가족들을 위해 건강 관리도 게을리하지 않는다. 이곳에서 이루어지는 다양한 스터디 모임에도 참여해 배움을 즐겨 하고, 또 자신이 그 모임에서 사람들에게 어떤 도움을 줄 수 있을지도 고민한다. 과거의 명예에 연연하지 않고 현재, 그리고 미래에 자신이 어떤 일을 해낼 수 있을지, 어떻게 해야 누군가에게 작은 도움이나마 줄 수 있을지를 고민하는 삶이다.

휘트니 센터에서 일하는 스태프들에게서도 늘 많은 것을 배운다. 항상 웃는 얼굴로 나이 많은 사람들을 배려하고 늘 성심성의껏 대해 주는 그들에게서 자신의 일에 대한 자부심과 소명 의식을 발견한다.

나는 이 책을 통해 가치 있는 삶은 평생 자신이 모은 돈보다 부유하고, 오른 지위보다도 높은 삶이라 정의했다. 현재 내가 어떤 삶을 살아가고 있든 나 자신에게 떳떳하고, 누군가에게 의미 있는 존재, 소중한 존재가 될 수 있다면, 그것만으로도 우리는 삶에서 충분한 역할을 해냈다고 할 수 있다.

언제나 내 자리에서

남편을 떠나보낸 후 아이들은 모두 각자의 보금자리를 찾아갔고, 나는 남편과 나의 손때가 묻은 집에서 혼자 지냈다. 아이들은 늘 나에게 함께 지내자고 말했지만, 나는 자식들에게 의지하고 싶은 마음이 없었다. 아직도 혼자 할 공부와 연구가 산더미처럼 쌓여 있고, 동암문화연구소에서 추진하는 일도 너무나 많기에 나만의 공간과 집중할 수 있는 자유로운 시간이 필요하기도 했다.

그래서 팔순을 맞이하기 전에 남편과 함께 들어오려고 오랫동안 준비하고 있던 휘트니 센터에서의 생활을 결심하게 되었다. 노인이 혼자 지낸다는 것에 선입견을 가지는 사람도 많았다. 또 이곳이 막상 내가 마지막까지 살 곳이라 생각하니 우울해지기도 했다. 하지만 용기를 내고 마음을 가다듬어 긍정적인 마음으로 이곳에서의 생활을 결심하게 되었다.

휘트니 센터에서의 생활은 기대 이상이며, 나는 이곳에서의 생활을 사랑한다. 이제 나이가 든 탓에 사소한 것도 도움을 청할 때가 많아 이곳에서 일하는 스태프들의 도움을 자주 받는다.

예전에 집에서 홀로 지낼 때와는 다르게 노인의 건강 관리를 위해 센터에 구비되어 있는 운동 기구들을 친구들과 함께 이용하며 건강에도 많은 신경을 쏟고 있다. 외롭지 않느냐는 질문도 자주 받지만 매일 할 일을 계획하며 지내기에 외로울 틈도 없다.

나의 고국인 한국에도 이런 노인 복지 시설이 생겼으면 한다. 긴 역사를 가진 한국의 노인 공경 사상 등 긍정적인 문화를 미국 땅에 전해 주고 싶은 것이 이제 나의 마지막 남은 소명이라 생각한다.

80년 넘게 살아오면서, 그리고 이 책을 쓰면서 나는 지금껏 내가 끊임없이 고민하고 머릿속에 맴돌던 참된 삶, 가치 있는 삶에 대한 답을 찾을 수 있었다.

사람으로 태어나 한평생을 사는 동안 가치 있는 인생에 대해 한 번도 생각해 본 적이 없는 사람이라면 적어도 앞으로 남은 인생을 어떻게 살 것인가에 대한 고민은 해 보았으면 한다.

부디 이 책을 통해 지금까지 자신의 삶과 미래에 대한 고민에 빠져 있던 사람들이 조금이나마 삶의 방향을 찾을 수 있기를 바란다.

2010년 가을의 문턱에서
전혜성

Contents

: 프롤로그 · 당신 인생의 값은 얼마입니까 4

Chapter One 나는 이렇게 나이 들고 싶다

: 삶이 지속되는 한 할 일은 남아 있다 19
: 죽을 때까지 공부하라 28
: 내 인생을 일으켜 세운 세 가지 원칙 38
: 우리는 모두 세상에 진 빚을 갚기 위해 살아간다 48
: 누군가에게 무엇이 될 수 있는 삶 58
: 에베레스트 산도 한 줌 흙에서 시작되었다 69

Chapter Two 인생은 혼자가 아닌 함께 걷는 길이다

: 인복은 스스로 만드는 것이다 79
: 모든 것을 혼자 해낼 수는 없다 84
: 가장 가까운 사람들부터 사랑하라 88
: 결혼은 생애를 건 약속이다 92
: 바라지 않으면 섭섭하지도 않다 98
: 함께하는 것보다 소통하는 것이 더 중요하다 104
: 사랑하는 사람과의 시간은 영원하지 않다 108
: 인생을 나눌 수 있는 친구를 만들어라 113
: 과거의 향수에 연연하지 말라 118

Chapter Three **나와 사랑하는 이들을 위한 가장 큰 선물, 건강**

: 소중한 사람을 위한 가장 큰 선물 125
: 더 멀리 가기 위해 반드시 쉬어야 한다 130
: 나이들수록 얼굴을 가꾸어라 135
: 마음이 가는 일을 하라 140
: 매일 새로운 하루가 시작됨에 감사하라 145

Chapter Four **눈앞의 성공보다 나를 위한 보람을 좇는 삶**

: 사명감은 인생을 풍요롭게 한다 153
: 공부는 평생 하는 것이다 158
: 세상에 괜히 그런 일은 없다 164
: 마지막까지 현역이고 싶다 168
: 불가능한 것에 도전의 가치가 있다 172
: 인생의 롤모델은 변하는 것이다 178

Chapter Five **미래를 내다보아야 두려움이 없다**

: 항상 앞날을 예측하라 185
: 스스로 삶의 간소화를 꾀하라 190
: 나만의 공간을 꾸미는 즐거움 195

: 나를 내버려 두는 시간 199
: 목적을 가지고 몰입할 수 있는 취미 204
: 죽음도 계획할 수 있어야 한다 210
: 나의 가치가 세상의 가치를 높인다 216

Chapter Six 가치 있게 나이 듦을 즐기는 사람들

: 노인들에 의해 운영되는 또 하나의 사회 229
: 생애 최후의 축제가 최고의 축제로 235
: 건강한 몸과 마음을 최우선으로 하는 사람들 239
: 열정으로 노년을 즐기는 사람들 243
: 가장 절망적인 순간에도 삶의 의미를 찾는 사람들 247

: 에필로그 · 묵묵히 나의 길을 마지막까지 걸을 수 있다면 251

Chapter One

나는 이렇게
나이 들고 싶다

이웃을 위해, 사회를 위해, 세상을 위해
우리가 할 수 있는 일은 반드시 거창한 것이 아니다.
아무리 미미할지라도 긍정적인 변화를 가져올 수 있는 일이라면,
아주 먼 미래에나 그 성과가 나타날지라도 궁극적으로
발전적인 영향을 미칠 수 있는 일이라면,
그리고 그 일이 지금 당장 내가 할 수 있는 일이라면
그것만으로도 충분한 의미와 가치를 지닌 것이다.

삶이 지속되는 한 할 일은 남아있다

내가 살고 있는 휘트니 센터에는 매일 아침저녁으로 센터 주변을 돌며 쓰레기와 빈 깡통을 줍는 사람이 있다. 팔순을 훌쩍 넘긴 파멜라(Pamela R.)라는 노인이다. 그는 비가 오나 눈이 오나, 날이 춥거나 덥거나 하루도 빠지지 않고 같은 시간에 나타나 휘트니 센터 주변을 돌며 쓰레기와 폐품을 줍는다.

나는 팔순을 훌쩍 넘긴 노인이 누가 시킨 것도 아닌데 매일같이 빈 깡통을 주우러 다니는 이유가 궁금했다.

"당신은 왜 굳이 이런 힘든 일을 하고 있나요?"

그가 남은 깡통을 마저 주워 담으며 대답했다.

"지금 내 상황과 위치에서 할 수 있는 의미 있는 일이 무엇일까 고민하다가 생각해 낸 것이랍니다."

"어떤 의미가 있나요?"

"빈 병과 깡통을 주워서 팔면 약간의 돈이 생긴답니다. 그 돈을 내가 머무는 이 센터에서 고생하는 직원들에게 감사금으로 기증하고 있어요. 빈 깡통을 치우면 주변 환경이 깨끗해져서 좋고, 또 휘트니 센터의 재정에도 조금이나마 도움이 되어 보다 나은 환경을 다른 사람들과 함께 누릴 수 있으니, 이것처럼 의미 있는 일이 없다고 생각해요."

나는 불현듯 그가 누구인지 궁금했다.

"그런데 당신은 여기 오기 전에 무슨 일을 했나요?"

그가 빙그레 웃으며 말했다.

"정치학 교수였어요. 대학에서 헌법을 가르쳤지요."

미루어 짐작하건대 그는 일평생을 꽤나 열심히, 또 바쁘게 보냈을 것이다. 그리고 이제 늙고 쇠약해진 몸으로 휘트니 센터에 들어와 안락한 노후 생활을 하기로 결정했을 것이다. 그런 그가 왜 아직도 의미 있는 일이 무엇인지 찾고 고민하고 있는 것일까? 눈코 뜰 새 없이 바쁘던 젊은 날을 뒤로하고 이제는 좀 여유롭게 즐기며 살아도 아무도 그를 나무라지 않을 텐데 말이다.

이유는 간단하다. 아흔을 바라보는 나이에 몸은 쇠약해지고 기력은 날로 떨어져 내 한 몸 유지하는 일조차 쉽지 않은 상황일지라도 그에게는 아직 삶이 끝난 것이 아니기 때문이다. 삶이 지속되는 한 우리가 해야 할 일은 남아 있다.

나는 그가 얼마나 훌륭한 정치학 박사였는지 그에게 물어본 적이 없다. 그가 쓴 논문이, 그가 제안한 정책이 그가 속한 사회에 얼마나 기여했는지도 알지 못한다. 하지만 한 가지 분명한 점은 그가 은퇴 후에도 사회를 위해 깡통 줍는 일을 자처하고 있는 것만으로도 그는 틀림없이 학계에서 좋은 정치의 가치를 찾기 위해 혼신의 노력을 기울였을 것이라는 사실이다.

'내가 뭐 그리 잘났다고 남을 돕기까지 해?', '내가 이 나이에 남에게 폐만 안 끼쳐도 다행이지', '내 주제에 어떻게 사회에 보탬이 되고 의미가 있는 일을 할 수 있겠어?'라고 생각하며 사회적으로 의미 있는 삶에 대한 가능성을 아예 닫아 버리고 사는 사람이라면 그의 인생을 통해 분명 배울 점이 있을 것이라 생각한다.

이웃을 위해, 사회를 위해, 세상을 위해 우리가 할 수 있는 의미 있는 일이란 반드시 거창한 것이 아니다. 아무리 미미할지라도 긍정적인 변화를 가져올 수 있는 일이라면, 아주 먼 미래에나 그 성과가 나타날지라도 궁극적으로 발전적인 영향을 미칠 수 있는 일이라면, 그리고 그 일이 지금 당장 내가 할 수 있는 일이라면 그것은 충분한 의미와 가치를 지닌 것이다.

바쁘게 살면 늙을 시간이 없다. 가끔씩 백 살이 넘은 고령자들이 소중한 선거권을 행사하기 위해 투표장에 나타나 매스컴의 주목을 받는 것을 보게 된다. 그들을 볼 때마다 나는 삶과 나이에 대해 다시 한 번 생각하게 된다. 나는 과연 지금도 의미 있는 하루하루를 살아가고 있는가 하고 말이다.

나이가 들면 체력도 현저하게 떨어지고 순발력이나 지구력도 떨어져 무엇을 하든 젊었을 때보다 몇 갑절 힘이 든다. 하지만 단지 예전보다 그 일을 해내기 힘들어졌다고 해서 모든 것을 포기할 필요는 없다.

휘트니 센터에는 거동이 불편해 휠체어를 타고 생활하는 사람이 많다. 하지만 그들은 항상 무엇인가 의미 있는 일을 하며 살아간다. 그리고 그 일을 통해 이웃과 사회에 작으나마 도움을 주기 위해 노력한다. 세상 다 산 사람 같은 표정으로 멍하니 있는 사람은 거의 없고 항상 표정이 밝다.

'큰 복은 신이 내려 주는 것이지만 작은 복은 내 주먹 안에 있다' 는 말처럼 삶과 죽음은 신의 뜻이고 자연의 섭리일지 몰라도 살아 있는 동안만큼은 내 마음대로 얼마든지 열심히 살아갈 수 있다고 늘 생각해 왔다. 그런데 그 증거가 바로 휘트니 센터에 살고 있는 내 이웃들이었다.

우리의 소명은 밭을 계속 가는 것이다

인생에서 유일하게 변하지 않는 의미를 나는 휘트니 센터의 또 다른 이웃 앤(Anne S.)에게서 배우고 있다. 그는 내게 이런 말을 자주 한다.

"우리의 소명은 우리의 밭을 계속 가는 것이다."

18세기 프랑스의 작가이자 계몽 사상가인 볼테르의 소설 《캉디드》의 마지막 구절이다. 이 말은 일생 동안 온갖 비참한 체험을 하고 불합리한 상황을 겪은 주인공 캉디드가 현재는 모든 것이 가장 최선으로 이루어진 상태라고 믿는 낙관적 세계관을 담고 있다. 앤은 이 말을 이렇게 해석한다.

"하나님은 우리 모두에게 최선의 능력을 주셨기 때문에 자신의 능력을 알고 그것을 통해 할 수 있는 일을 찾았다면, 그저 꾸준히 밀어붙여야 한다는 뜻이 아닐까 생각합니다. 내가 선택한 일이라 할지라도 앞날이 불투명하다 여겨지고 생각대로 일이 잘 풀리지 않을 때도 있겠지만, 그래도 그저 계속해 나가는 수밖에 다른 방법이 없다는 것이 나의 철학입니다."

물론 자신의 선택에 대한 확신이 있을 때 가능한 일이다. 그리고 그 확신은 자신이 무슨 일을 하든 혼자가 아닌 누군가와 함께 가고 있다는 신념에서 비롯된다.

나 혼자라고 생각하면 한없이 외롭고 고통스러운 순간이 많을 것이다. 앞날이 불투명해 주저앉고 싶은 때도 있을 것이다. 하지만 내가 하는 이 일이 누군가에게는 큰 보탬이 되고 의미 있는 것이라고 생각한다면, 또 이 세상 어딘가에는 나와 같은 일을 하는 또 다른 사람들이 있을 것이라는 믿음이 있다면 어느새 외로움은 절반으로 줄어들고, 고통은 즐거움과 보람으로 변할 것이다.

무엇을 위해 현재의 일을 선택했는지를 기억한다면 그 목표를 이루기 위한 일은 언제 어디서나 어떤 형태로든 가능할 수 있다. 나이가 많아져서, 체력이 떨어져서 젊은 시절과 똑같이 왕성하게 일하기 힘들어질 수는 있다. 하지만 자신이 처음 그 일을 시작할 때 가진 목표와 사명감, 그리고 반드시 해내고야 말겠다는 의지를 잊지 않는다면 여든이 아니라 아흔을 넘긴 나이에도 다시 시작할 수 있는 일은 얼마든지 있다.

한국에 사는 내 사촌은 성대암에 걸려 성대를 제거하는 수술을 받고 목소리를 잃었다. 성대의 기능을 대신해 줄 수 있는 기계를 삽입해 겨우 의사소통을 하게 되었지만 기계의 도움으로 내는 소리라 듣기에 무척 거북했다.

보통 사람들 같으면 나는 이제 환자입네 하며 포기하고 살았을 텐데 그는 달랐다. 어느 날 그가 기뻐서 어쩔 줄 몰라

하며 말했다.

"내가 연구에 연구를 거듭한 끝에 기가 막힌 방법을 찾아냈어. 가장 자연스러운 소리가 나올 수 있도록 기계를 조작하는 방법을 터득했다고!"

사촌은 그러고 나서 자신과 같은 처지에 놓인 환우들을 찾아다니면서 그들에게 도움을 주기 시작했다. 자신이 터득한 기계 조작법을 전파하며 전구를 발명한 에디슨처럼 뿌듯해했다.

사실 내 사촌의 병은 지금도 위중한 상태이지만 당시에도 아무리 자연스럽게 소리 내는 법을 터득했다 해도 남을 돕는 일을 하겠다고 나설 만한 상황은 아니었다. 요즘도 힘겨운 투병 생활을 하고 있는 상황이다. 그런데도 그는 여전히 희망을 잃지 않고 꿋꿋하게 투병 생활을 하며 주변에서 만나는 환자들을 위해 할 수 있는 일을 고민하고, 또 실천에 옮기고 있다.

나는 사촌이 왜 그토록 다른 환자들을 만나고 돕는지 너무나 잘 알고 있다. 그는 의사였다. 그리고 여전히 암세포와 싸우고 있는 지금도 그는 의사로서의 본분을 잃지 않는 삶을 훌륭히 살아내고 있는 것이다. 나는 그가 반드시 완치되리라는 희망을 갖는다. 그리고 지금 이 순간에도 기적이 일어날 것이라고 믿는다.

어떤 일이든 내가 하고 있는 일이 우리가 살아가는 이 세상을 더 좋은 방향으로 가도록 도움을 주는 것이라는 확신이 있다면 그저 꾸준히 계속해 나가는 것이 가장 중요하다.

살아 있는 성녀라 칭송받던 마더 테레사 수녀도 누군가에게 도움이 되겠다는 생각 하나로 늘 주변을 돌아보며 자신이 할 수 있는 일을 하나씩 실천해 나갔다. 그리고 그 도움의 힘으로 조금씩 나아지는 이들을 보며 그 삶을 마지막까지 지속했고, 이제는 인류의 역사가 기억하는 성인으로 남았다.

우리가 오드리 헵번을 아름다운 사람으로 기억하는 것은 영화 속에서 보여 준 그녀의 매력 때문이 아니라 은퇴 후 그녀가 소외된 이웃을 위해 사랑을 실천했기 때문이다. 젊은 여성 팬들이 노년까지 미모를 유지할 수 있는 비결을 물었을 때 그녀는 이렇게 대답했다.

"날씬해지고 싶다면 당신들이 먹을 것을 배고픈 아이들에게 나누어 주세요."

가치 있는 삶을 산다는 것은 나의 재능으로 누군가를 좋게 만드는 일이다. 나만을 위해 사는 것은 그리 어려운 일이 아니다. 재능이 있는 사람이라면 더욱 그렇다. 하지만 한평생 자신의 재능만을 뽐내며 살다 간 사람의 삶은 그다지 가치 있다고 평가받기 힘들다.

재능은 나를 위해서가 아니라 남을 위해, 모두를 위해 쓰라고 신으로부터 받은 선물이다. 가수는 노래로, 화가는 그림으로, 학자는 학문적 성과로 자신이 받은 재능을 세상에 돌려주어야 한다. 그렇게 했을 때 그 재능은 비로소 빛이 나며 재능을 가진 사람은 그만큼 가치 있는 삶을 살게 된다.

죽을 때까지 공부하라

일본에 객원 교수로 있던 1996년의 일이다. 공중파 방송 인터뷰에서 이런 질문을 받은 적이 있다.

"향후 10년 동안의 계획이 어떻게 됩니까?"

나는 그 질문에 망설임 없이 이렇게 대답했다.

"나는 앞으로도 10년 동안 지금 하고 있는 공부와 연구를 계속할 계획입니다."

이 인터뷰 방송을 본 많은 사람이 깜짝 놀랐다고 한다. 그때 내 나이가 예순일곱이었으니 10년이면 대부분 은퇴를 생각할 나이였던 것이다. 당연히 하던 공부도 중지하고 슬슬 마무리를 해야 할 시점이었다. 10년 후면 일흔일곱 살인데 무슨 공부를 어떻게 더 하느냐며 평생 안 늙을 줄 아느냐고 흉을 보는 사람들도 있었다. 그러나 나는 그로부터 10년 동안 그 계획대로 공부와 연구를 계속했고, 그것은 지금도 변함이 없다.

공부에는 정해진 때가 없다

시작할 수 있는 나이는 따로 정해져 있지 않다. 나이가 들수록 줄어드는 것은 남은 시간뿐만이 아니다. 새롭게 어떤 일을 시작하거나 계획을 세우려는 마음도 덩달아 줄어든다. '내가 나이가 몇인데', '그동안 이루어 놓은 것에 흠집이나 내면 어쩌나' 하는 마음은 서둘러 은퇴를 생각하게 만든다.

내가 알고 지내던 부인들 중에 자녀들이 모두 좋은 대학에 진학하고 나서 특별히 하는 일 없는 나날을 보내는 사람이 있었다. 남편은 의사고 살림살이도 꽤 넉넉한 편이라 별다른 걱정거리가 없는 사람이었다.

그녀 역시 훌륭한 교육을 받은 사람이었지만 결혼 후 남편과 아이들 뒷바라지에만 전념하며 살다 보니 딱히 할 줄 아는 일도, 할 수 있는 일도 없었다고 한다. 아이들 돌보는 것이 인생의 전부인 양 생각하며 살았지만 아이들이 자라 집을 떠나자 그녀는 넘쳐 나는 시간을 주체할 수가 없었던 것이다. 취미 생활이라도 해 보려고 했지만 의욕도 없고, 일을 갖자니 그다지 절실하지도 않더란다.

 이렇게 하루하루 바보가 되어 가다가 결국은 늙고 병들어 죽는 것이 인생이냐며 허무함을 토로하기에 뭐든 할 줄 아는 것을 시작해 보는 것이 어떻겠느냐고 조언을 했다.

 하지만 그녀는 쉽게 방향을 잡지 못했다. 오래전에 일본어를 배운 적이 있어 조금 할 줄 알지만 그것도 쓰질 않다 보니 자꾸 잊어버린다며 푸념을 늘어놓았다. 그래서 한자를 조금씩 공부하면서 일본어로 된 책을 읽으면 회화는 몰라도 읽고 쓰는 것은 많이 늘 것이라고 권했다.

 그로부터 얼마간의 시간이 흐른 어느 해 크리스마스 무렵이었다. 그녀에게서 크리스마스카드 한 장이 왔다. 반가운 마음에 열어 본 카드 안에 그녀의 근황이 적혀 있었다. 그녀는 내 말에 큰 힘을 얻어 그 길로 일본어 공부를 시작했으며, 지금은 아마추어 번역가로 활동할 정도의 실력을 갖추게 되었다고 했다. 지금도 공부를 계속하고 있는데 틈틈이 번역 일을 하면서 삶의 보람을 찾았노라며 새로운 길을 열어 준 나에게 감사한다고 했다.

 하지만 그녀에게 새로운 길을 열어 준 사람은 내가 아니라 그녀 자신이다. 내가 아무리 힘이 되는 이야기를 해 주었다

하더라도 그녀가 귓전으로 흘려듣고 여전히 맥없는 하루하루를 보냈더라면 지금과 같은 결과는 생기지 않았을 것이기 때문이다.

대체로 옛말은 그른 것이 없다고 생각하지만, 나는 딱 한 가지 '공부에도 때가 있다'는 말만큼은 동의할 수가 없다. 공부의 진정한 때는 공부하고 싶다고 생각하는 순간이기 때문이다. 다른 일들도 마찬가지다. 어떤 일이든 할 수 있는 때가 따로 정해져 있는 일이란 없다. 해야겠다고 마음먹는 순간, 하고 싶다고 생각하는 순간이 바로 그때인 것이다.

호기심은 가치 있는 삶의 원동력이다

세상을 탐구하고 배우다 보면 내가 세상을 위해, 누군가를 위해 무엇을 해야 하는지 알게 된다. 삶과 세상과 자연을 끊임없이 탐구하는 것은 학자인 나를, 세상살이를 하는 나를 늘 흥분하게 만든다. 삶이 지루하다고 느껴지는 것은 궁금증이 없기 때문이다. 호기심이 있는 한 지루할 틈이 없다.

갓 태어난 아이가 세상을 지루하다 생각하겠는가. 아이는 눈앞에 펼쳐진 세상의 모든 것이 신기하고 궁금하기 때문에 한순간도 가만히 있질 못한다. 호기심 어린 초롱초롱한 눈으로 쳐다보고, 손으로 만져 보고, 입으로 가져가 깨물어 보는 것이 어린아이의 모습이다. 그런 어린아이가 어른이 되고 노년이 되었다고 세상의 모든 것을 다 알았다고 할 수 있을까? 거대한 세상 속에서, 유구한 역사 앞에서, 대자연의 경이로움 앞에서 우리는 아무리 나이를 많이 먹고 온갖 경험을 쌓았다 해도 여전히 어린아이에 지나지 않는다.

인간이 모든 것을 알고 있다고 생각하지만 그것은 자만심에 불과하다. 나는 이미 팔순을 넘긴 지 오래지만 여전히 어린아이의 호기심으로 세상을 바라보고 싶다. 나는 박사 학위를 받은 학자지만 아직도 초등학생의 눈으로 세상을 관찰하고 싶다. 그래서 나는 혼자 있어도 무료하지 않으며, 가족과 떨어져 있어도 결코 외롭지 않다.

나의 존재가 누군가에게 무엇이 된다는 것은 지금의 나를 만든 모든 시간과 공간, 그리고 기억까지 함께 전해진다는 의미다. 그래서 나는 나와 함께 지낸 것들에서 향기를 느끼곤 한다. 나의 손때가 묻은 것들, 나의 감정까지 스며 있는 물건들을 하나도 버리지 않고 보관하고 있다. 그것들은 내가 태어나 지금까지 살아온 자취다.

대체할 새 물건을 샀다고 옛 물건을 버리는 것은 내가 살아온 시간을 버리는 것이다. 그 시간 속에는 기쁨과 슬픔, 고통과 인내가 고스란히 배어 있다. 시간이 날 때면 나는 그 물건들을 물끄러미 바라본다. 그러면서 내가 늙어 가며 그것들도 함께 낡아졌다는 사실에 감격하곤 한다. 나는 이 모든 것이 나의 아들딸과 손자 손녀, 그리고 더 많은 후세 사람들에게도 의미 있는 것이 되리라 믿는다.

무엇이든 배우고자 하는 마음

일생을 통해 얻은 지혜를 후세에 전할 수 있다면, 그것이야말로 내가 시간을 초월해 누군가에게 무엇이 되는 가치 있는 삶이다.

누군가에게 무엇이 되는, 가치 있는 삶을 만들기 위해서는 모든 성별과 세대와 소통할 수 있어야 한다. 젊은 세대도 나이 든 세대와 소통할 수 있어야 하고, 나이 든 세대도 젊은 세대와 소통할 수 있어야 한다.

나는 팔순 할머니도 여덟 살 소녀와 소통할 수 있어야 한다고 생각한다. 그래서인지 나는 손녀뻘의 젊은 여성들과 대화를 나눌 때마다 즐겁다.

나의 존재가 누군가에게 무엇이 되고자 한다면, 그 누군가의 존재부터 인정하고 그로부터 배울 수 있는 자세가 필요하다. 왜냐하면 나의 존재만을 일방적으로 전하는 것은 진정한 의미의 무엇이 되는 것이 아니기 때문이다. 우리는 서로에게 무엇이 될 수 있어야 한다. 그러면 우리 삶의 가치는 훨씬 더 커질 것이다.

우리는 누구에게든 배울 수 있어야 한다. 학교에서는 학생이 교사에게 배우지만, 세상이라는 학교에서는 교사가 학생에게서도 배울 것이 있다. 자녀는 부모에게 배우는 것이 마땅하지만, 때로는 부모도 세대 차이를 인정하고 자식에게서 배울 수 있어야 한다. 사장도 직원에게서 배울 줄 알아야 하고, 정치인도 국민에게서 배울 수 있는 열린 마음을 가져야 한다.

나보다 많이 배우지 못한 사람이라고, 나보다 지위가 낮은 사람이라고, 나보다 나이가 어린 사람이라고 그들로부터 배울 것이 없다고 생각한다면 그것은 대단한 착각이다. 나는 손녀뻘 되는 젊은이들과 이야기를 할 때도 늘 친구처럼 편안하게 대해 주며 이야기한다. 나이가 나보다 많이 어리다고 해도 분명히 배울 점이 있기에 나이가 어리다는 선입견을 버리고 대화하고자 한다.

나는 요즘 젊은이들의 생각과 생활, 이상과 취미에 관심이 많다. 이상형이 어떤지, 연애와 결혼에 대해 어떻게 생각하는지 알고 싶어 기회가 있을 때마다 하나하나 묻곤 한다. 내가 젊은이들과 허심탄회하게 수다를 떠는 것은 그 자체가 즐겁기도 하지만 지금까지 내가 미처 몰랐던 사실들을 아는 재미도 크기 때문이다.

요즘 젊은이들이 내가 젊었을 때와 다르게 멋을 부리고 나와 다른 사고방식으로 살아간다 해서 거리감을 갖고 문제를 삼는 것은 그들에게도 나 자신에게도 아무런 도움이 되지 않는다. 그들과 그 어떤 것에 대해서도 자연스럽게 대화를 나눌 수 있다는 사실만으로도 우리는 세대를 초월한 친구가 될 수 있다. 내가 그들을 이해하는 만큼 그들도 나를 이해할 것이라고 확신하기 때문이다.

젊은 사람들이 가장 듣기 싫어하는 말 가운데 하나가 '내가 너희들만 할 때는'으로 시작하는 말이라고 한다. 그런데 사실 그것은 어느 시대, 어느 세대나 똑같이 느끼는 것이다.

모든 세대와 소통하기 위해서는 무엇보다도 냉소의 안경을 벗고 세상을 바라보아야 한다. 내 마음에 안 든다고 무조건 부정적으로 보거나 아예 눈길조차 주지 않는다면 너무나 많은 것을 놓치고 살아가게 된다.

그렇게 놓친 것들 중에는 어쩌면 삶의 방향을 바꾸고 삶의 가치를 높여 줄 아주 귀중한 것들도 있을지 모른다. 선입견이나 편견 때문에 그런 것들을 놓친다는 것은 너무나 어리석은 일이다.

세상에 존재하는 모든 것에는 나름의 존재 이유가 있다.

우리는 그 존재를 인정하고 애정 어린 눈으로 그것들을 바라보아야 한다. 아이가 태어나 처음 눈을 뜬 것처럼 아침마다 눈을 뜨며 새롭게 시작된 세상에 감동할 줄 알아야 한다.

소통이란 단순히 정보를 주고받거나 서로에게 자신의 존재를 알리는 데 그치는 것이 아니다. 서로에게 무엇이 되기 위해서는 끊임없이 감동을 주고받아야 한다.

나는 '주고받는다'는 말에 방점을 찍고 싶다. 우리는 감동을 받는 데에만 너무 익숙해 있다. 누군가가 나를 감동시키기만을 기다리는 것은 너무 이기적이다. 모두가 감동을 받으려고만 하면 감동은 한순간에 고갈되고 말 것이다. 감동이 없는 세상은 얼마나 암흑 같을까.

가치 있게 살아간다는 것은 나를 사랑하는 사람만큼 내가 사랑하는 사람이 많은 것이다. 사랑을 받으려고만 하면 아무도 나를 사랑하지 않는다. 감동과 사랑을 서로 주고받으며 인연을 만들고 지속해 나가야 한다.

나는 나를 중심으로 사람들이 새로운 인연을 맺는 것을 보면 무척 행복하다. 가치 있는 삶은 이 사람 저 사람을 만나고 다니며 강을 건너는 것이 아니라 이 사람과 저 사람을 잇는 다리가 되어 주는 삶이다.

우리가 인생을 가치 있게 살기 위해서는 누군가에게 무엇이 되어야 한다. 아픈 사람에게는 치유가 되어야 하고, 지혜가 부족한 사람에게는 지혜가 되어야 하며, 사랑이 부족한 사람에게는 감동이 되어야 한다. 가치 있는 인생은 누군가에게 또 다른 가치를 만들어 준다.

가치 있는 인생을 살기 위해 노력하는 부모를 보고 자란 자식은 부모보다 더 가치 있는 인생을 살 것이다. 인생을 가치 있게 가꾸는 스승에게 배운 제자는 스승보다 더 가치 있는 인생을 살며 또 다른 제자에게 가르침을 줄 것이다.

내 인생을 일으켜 세운
세 가지 원칙

환갑이던 1989년 평생의 반려자이던 남편과 사별하고 그 빈자리를 메우기 위해 어느 때보다 최선을 다하며 바삐 살아온 시간도 벌써 20년이 훌쩍 넘어 버렸다. 남편과 함께한 세월이 38년인데 남편이 부재한 지난 21년도 눈 깜박할 사이라고 말할 수 있을 만큼 아무렇지 않게, 바쁘게, 그리고 열심히 살았구나 생각하니 내 스스로 대견하기도 한 반면, 먼저 간 남편에게 미안한 마음도 든다.

1948년 열아홉 나이에 부모 슬하를 벗어나 미국으로 유학 온 나는 한국 전쟁이 한창이던 1950년에 고광림 교수를 만났고, 이듬해 우리는 미국에서 결혼을 했다. 그리고 경신, 경주, 동주, 홍주, 경은, 정주 등 여섯 아이를 낳아 기르며 공부하고, 학위 받고, 강의 하고, 예일대 동암문화연구소를 설립하고 운영하며 38년의 시간을 함께했다.

20대 초반부터 환갑에 이를 때까지 모든 일과 생활, 그리고 생각까지도 함께하고 공유하던 인생의 반쪽을 잃은 슬픔과 충격은 상상 이상이었다. 진심으로 남편을 의지했고, 그만큼 가장 가까운 곳에서 늘 나를 든든하게 지지해 준 남편이었지만 새삼 내가 이렇게까지 남편을 사랑했는가 생각할 정도였다.

뇌졸중으로 쓰러진 이후 6년 동안 투병해 오던 남편의 병세가 위중해지자 담당 의사는 주변을 정리하고 마음의 준비를 하라고 했다. 완치가 어려운 병으로 6년 동안 투병 생활을 하고 6개월 전부터는 마지막을 준비하라 권고를 받은 터라 아이들 모두 아버지의 죽음을 담담하게 받아들이는 것 같았다. 하지만 나는 내심 기적을 기대한 듯싶었다. 남편의 죽음은 나에게 청천벽력같이 느껴지기만 했다.

평생 한가로운 시간을 보내 본 적이 없어 일할 의욕이 없다거나 이유 없이 마음이 울적하다는 느낌을 가져 볼 틈도 없던 나에게 그때 처음 우울증 비슷한 감정이 찾아왔다.

하지만 바쁜 일상이 몸에 밴 덕분에 남편을 잃은 깊은 슬픔과 우울증에서 좀 더 빠르게 극복할 수 있었다는 생각이 든다. 그리고 내가 다시 일상으로 복귀할 수 있던 또 하나의 이유는 내 나름대로 살아오면서 반드시 지키려고 생각한 세 가지 원칙이 있었기 때문이다.

첫째는 마지막까지 나 자신에게 부끄럽지 않도록 정직하게 사는 것이고, 둘째는 얼마가 되었든 주어진 시간에 최선을 다하는 것, 그리고 마지막으로 내 삶에 대해 수시로 평가하고 반성하는 것이었다. 나는 일생을 통해 이 세 가지를 잊지 않고 명심한다면 누구나 의미 있는 삶을 살아갈 수 있다고 생각한다.

당시로서는 인생의 황혼기라 여기던 환갑의 나이에 38년을 함께한 인생의 반려자를 잃고 동시에 모든 삶의 의욕을 잃을 뻔하던 위기에서 나를 일으켜 세운 세 가지 원칙. 이것은 결국 인생의 단 한순간도 생각 없이, 의미 없이, 성과 없이 흘려보내서는 안 된다는 한 방향을 향한 것이었다.

나는 남편을 추억할 때마다 내가 이별의 순간까지 그리고 사별한 후에도 남편을 사랑할 수 있는 원동력이 무엇이었을까 생각하곤 한다. 나는 남편을 사랑하는 동시에 존경했다. 나의 남편으로서, 아이들의 아버지로서, 그리고 같은 학자로서 나는 남편을 진심으로 존경했다. 사랑은 불꽃처럼 타오를 수 있지만, 그 사랑의 불길을 계속되게 만드는 것은 존경이라고 생각한다.

사랑이 그렇듯이 존경이라는 것도 어느 한쪽만의 노력으로는 성립될 수 없다. 내가 남편을 존경한 것처럼 남편도 나를 존경했다. 내가 미국으로 건너와 사회학을 전공할 때 남편은 내가 공부하는 학문을 잘 이해하지 못했다. 당시만 해도 사회학은 하나의 독립된 학문으로 대접받지 못하던 시절이어서 남편의 그런 시선은 어쩌면 당연했는지도 모른다. 그러나 내가 조선 시대 사회 구조와 가치관이 경제 발달에 미친 영향을 조사, 연구한 논문을 썼을 때 남편은 내가 공부하는 사회학의 학문적 가치를 진심으로 인정하고 나에게 경의를 표했다.

나는 지금도 그 순간을 잊을 수가 없다. 남편의 나에 대한 사랑이 존경이라는 탄탄한 갑옷을 입는 순간이었기 때문이다. 그 후로 우리 부부는 서로의 학문적 가치를 존중하며 협력하는 동반자로서 손을 잡고 걸었다.

누군가에게 기억될 수 있다면

사람들은 내가 키운 아이들이 어쩌면 그렇게 하나같이 명문대를 나와 큰 인물이 될 수 있었는지 그 비결을 물어보곤 한다. 몇 해 전 쓴 책에서도 밝혔듯이 나는 한 번도 아이들에게 엘리트가 되라고 말한 적이 없다. 사람을 사랑하고 사람을 존경하는 사람이 되라고 했을 뿐이다. 나는 사랑을 받아 본 사람이 다른 사람을 사랑할 수 있고, 존경을 받아 본 사람이 다른 사람을 존경할 수 있다고 믿었다.

그래서 나는 아이들의 인격을 존중하고 존경했다. 아이들도 부모를 존경했다. 우리 가족은 그렇게 서로를 존경하는 마음으로 사랑을 완성해 갔다.

나이가 들수록 더욱 뚜렷해지는 생각이 하나 있다. 그것은 내가 이 세상을 떠난 후에도 사람들이 나를 기억해 주었으면 하는 것이다. 그리고 이왕 기억될 바에야 가급적 내가 원하는, 가장 좋은 이미지로 기억되기를 바란다. 나는 무엇보다 우리 아이들에게 본받을 만한 것이 많은 부모로 기억되고 싶다는 소망을 오래전부터 가지고 있었다.

얼마 전 큰손녀가 전화를 해서 형제자매들이 모두 의과 대학에 합격했다는 소식을 전했다. 그것도 하버드대와 예일대, 스탠퍼드대에 모두 합격해 어디를 선택해야 할지 행복한 고민을 하고 있다는 것이었다. 나는 우리 부부의 여섯 아이가 열심히 공부해 좋은 성적을 거두고 자신이 원하는 학문을 선택해 가장 좋은 환경에서 공부할 수 있는 학교에 진학했을 때를 떠올리며 매우 기뻐하고 축하해 주었다.

나는 내 아이들이, 그리고 그 아이들의 아이들이 나와 내 남편이 그러던 것처럼 스스로 길을 찾아 선택하고, 그 길을 열심히 걸어가는 모습을 볼 때 부모로서 가장 큰 보람을 느낀다.

이제 머지않아 내 손자 손녀들도 이 사회가 보다 발전적으로 변화하는 데 한몫을 해낼 수 있는 사람들로 자랄 것이다. 그리하여 제 부모를 훨씬 능가하는 인재가 되어 이 세상 곳곳에서 활약하게 될 것이다. 그 생각만으로도 나는 가슴이 벅차오른다. 이보다 더 큰 삶의 보람은 없을 것이다. 그리고 나와 내 남편의 삶이 내 아이들에게 본보기가 되었고, 그들의 삶 역시 그 아이들에게 귀감이 되고 영감을 주었다면 그 것만으로도 내 삶은 충분한 의미를 가진다고 생각한다.

조국에 전쟁이 일어나 가족들의 생사조차 확인할 수 없는 상황에서 남편과 내가 단둘이 단출하게 꾸린 가정이 이제는 근 30명이나 되는 대가족이 되었다.

워낙 인원도 많지만 한국과 미국 전역에 뿔뿔이 흩어져 살다 보니 온 가족이 한자리에 모이는 일이 쉽지 않다. 남편이 세상을 떠난 1989년에 온 가족이 다 모인 이후로 몇 해 전 증손녀의 세례식에 가장 많은 가족이 모였다.

눈이 펑펑 내리고 몹시 추운 날이었다. 하지만 궂은 날씨에도 그 조그만 아이의 세례식을 축하하기 위해 워싱턴에서, 보스턴에서, 뉴저지에서 불원천리 달려온 우리 가족들이 그

날 교회 좌석의 3분의 1을 채웠다.

이렇게 가족이 많다 보니 크리스마스나 명절이 되면 선물 때문에 고민이 이만저만이 아니다. 한 사람 한 사람의 요구와 필요를 고려해 선물을 준비하자면 1년 내내 선물 준비만 해야 할 상황이라 내 나름대로 방법을 생각해 냈다. 가족들에게 대체적으로 요긴하게 쓰일 만한 물건을 골라 구입한 다음 포장해 두었다가 아이들이 오는 순서대로 마음에 드는 것을 골라 갖게 하는 것이다. 뭐 그리 대단한 선물은 아니지만, 받는 아이들도 무척 기대하는 눈치고 나 역시 무척 즐거워하는 일 중 하나다.

한날한시에 모든 가족이 한자리에 모이기는 힘들어도 손자 손녀들까지 돌아가면서 나를 찾아와 주는 것도 반갑고, 또 그 아이들과 함께 이야기를 나누는 것도 아주 행복한 일이다.

훌쩍 자란 손자 손녀들을 보면 그저 대견하고 고마운 마음이 든다. 잘 자란 내 아이들이 어느새 훌륭한 부모가 되고, 그 아이들이 또 이렇게 듬직한 자손을 키워 냈구나 하는 생각에 아이들뿐 아니라 사위, 며느리에게까지도 고맙다는 생각이 절로 든다.

무엇보다 가슴 벅찬 일은 손자 손녀들에게서 나와 내 남편의 생각과 모습을 발견하는 것이다. 언젠가 큰아들 경주의

둘째 아이에게 앞으로 어떤 일을 할 것인지 넌지시 물어보았다. 당시 그 아이는 하버드대 비즈니스스쿨에 다니고 있었는데, 우선 학위를 받은 다음 비영리 단체에 들어가 빈민가의 아이들에게 경제를 가르치는 일을 하겠다는 것이었다.

누군가에게 도움을 주는 일을 하기 위해서는 당분간 경제적인 문제를 스스로 해결할 수 있어야겠기에 이미 2년 정도 회사에서 일하며 자금까지 모아 두었다고 말해 나를 깜짝 놀라게 했다.

그리고 요즘 만나는 여자 친구가 있는데 평생을 사회에 봉사하며 살겠다는 자신의 인생철학과 맞지 않아 관계를 재고하고 있다는 것이었다. 일생을 통해 추구하고자 하는 것이 동일한 사람을 배우자감으로 선택하고자 하는 마음이었다.

다 주고도 남는 것이 있는 삶

젊은 시절 나는 어딜 가나 혼자였고, 처음이었다. 여자도 나 하나, 동양인도 나 하나, 더욱이 동양인 여자는 상상조차 못할 일이었다. 그렇기 때문에 받아야 하던 차별과 멸시, 부당한 대우도 많았지만 오히려 더 큰 열정을 품을 수 있는 동기 부여가 되었던 것도 사실이다.

내가 하는 일은 거의 대부분 최초였고, 그래서 늘 새로운 역사와 의미를 만들 수 있었다. 내가 지금 걷는 길은 전부 서구 사회에 동양과 한국을 알린 개척의 길이 될 것이라는 자부심도 가질 수 있었다.

그런데 만약 내가 미국에서 동양인으로서, 어디에 붙었는지 관심도 없는 대한민국이라는 나라에서 온 소수 민족인으로서, 그것도 여성으로서 받을 수밖에 없던 차별에 주눅 들고, 부당한 대우에 마음 상해 아무것도 하지 않았더라면 어떻게 되었을까?

만일 그랬더라면, 지금과는 비교할 수 없을 만큼 내 인생이 초라하고 가치 없는 삶으로 전락했음은 물론이려니와 세계 속의 대한민국의 위상이 오늘날처럼 되는 데에는 좀 더 많은 시간이 걸렸을 것이라고 나는 감히 말하고 싶다.

지난 세월 미국에 살며 나는 늘 우리 민족 앞에 부끄럽지 않은 사람이 되겠다고 생각했고, 내 아이들 또한 미국 사회에서 당당히 인정받는다면 그것으로 충분하다고 생각해 왔다.

나 한 사람의 성과나 업적은 그리 크지 않을지 모르지만 그것을 발판 삼아 내 아이들이, 그리고 그 아이들의 아이들이 뭔가를 이루어 낸다면, 그렇게 계속 다음 세대로 이어 간다면 그것이 바로 내가 평생의 과업으로 삼던 동양과 한국의 이미지를 높이는 일이 될 것이라는 생각이다. 그리하여 마침내 반만년 한국의 역사가 가진 온갖 문화적 장점을 서양의 문화와 접목해 세계와 인류의 문화를 향상시킬 수 있다면 나는 더 바랄 것이 없다.

우리는 모두 세상에
진 빚을 갚기 위해 살아간다

사람은 혼자 살 수 없다. 우리는 어느 공동체에 속해 있으며, 세계 속에 사는 한 언제나 세계인이다. 그것은 내가 부정하고 싶어도 사라지지 않는 것이며, 버리고 싶다고 버릴 수 있는 것도 아니다. 나는 학자로서 공부를 하고 사회 활동가로 일하면서 늘 가족, 사회, 국가, 그리고 세계 속에 있는 나를 잊어 본 적이 없다. 그런 공동체는 내가 학문적 성과를 거두고 사회 활동을 왕성하게 추진하는 원동력이 되어 주었다.

우리는 모두 세상에 진 빚을 갚기 위해 살아간다. 어머니는 항상 내게 이렇게 말씀하셨다.

"사람은 절대 재주가 덕을 앞서면 안 된다."

그리고 아버지는 이렇게 가르치셨다.

"이 세상에 얼마나 이익을 주었느냐에 따라 그 사람의 위대함이 결정된다."

나는 이 두 가지를 항상 마음속에 새기며 살아왔다. 이것은 내가 우리 부모님으로부터 물려받은 소중한 유산이다.

아버지와 함께 시골길을 산책한 적이 있다. 들에서 일하는 농부를 가리키며 아버지가 말씀하셨다.

"농부가 농사를 지을 때도 자기 다음에 이 논밭을 일구어 살아갈 사람을 생각하며 일한다. 그래서 자신은 더 이상 농사를 짓지 않을 작정일지라도 다음에 찾아올 누군가를 위해, 그 사람이 언제든 다시 논밭을 일구어 풍요로운 수확을 할 수 있도록 해 두는 것이다."

농산물이 자라는 논밭의 미래도 이렇게까지 생각하고 준비해야 하는데 수많은 사람이 자라는 이 사회야 더 말할 필요가 없다는 것이었다. 내가 부모님으로부터 물려받은 이러한 유산은 이미 오래전부터 내 아이들에게로 전해지고 있다.

재주로 덕을 베푸는 방법

나는 자신의 재주로 덕을 베푸는 방법을 터득한 것을 가장 보람 있게 생각한다. 큰아들 경주가 의학을 선택한 이유는 단지 의사가 되고 싶어서가 아니었다고 한다. 경주는 남을 도울 수 있는 일을 하고 싶었고, 남을 돕기 위한 특별한 기술로 의술을 선택했노라고 늘 말해 왔다. 그리고 지금은 환자 한 사람 한 사람을 치료하는 것보다 더 많은 사람에게 적절한 의료 혜택을 줄 수 있는 근본적인 시스템을 만들어 나가고자 오바마 행정부의 보건부 차관보로서 그 임무를 다하고 있다.

오바마 행정부의 국무부 차관보급으로 있는 셋째 아들 홍주는 인준 청문회에서 이렇게 말했다.

"공직에 봉사하는 것이 나의 일생에서 진 빚을 갚는 길입니다."

홍주는 이 말 한마디로 자신의 재주로 덕을 실천하는 삶의 의미를 미국 사회 전체에 알렸다.

어떤 사람들은 흔히 남에게 베푸는 것은 곧 손해라는 생각을 한다. 나 자신만을 위해 살기도 바쁜데 남에게 베풀며 살다가는 경쟁에서 뒤처져 성공하기 어렵다고 여기기 때문이다. 하지만 우리는 누구나 태어난 이상 세상에 큰 빚을 지고 있다는 것을 잊지 말아야 한다.

재주가 아무리 뛰어나다 해도 그 재주가 다른 사람을 위해, 세상을 위해 쓰이지 않는다면 아무런 의미가 없다. 타고

난 재주라 해도 그것이 더욱 빛을 발할 수 있도록 연마할 수 있는 것은 내가 살아가는 세상, 내가 속한 사회의 시스템이 여러모로 도움을 주기 때문이다. 그것만으로도 우리는 홍주의 말처럼 평생을 두고 갚아야 할 빚이 있는 사람들이다.

주어진 인생보다 더 길게 살기 위하여

'Life is short, Art is long.'

의학의 아버지라 불리는 히포크라테스가 남긴 유명한 이 말은 인류 최초의 아포리즘이라고 한다. 보통은 '인생은 짧고 예술은 길다'는 말로 통용되지만, 기원전 사람인 히포크라테스가 말한 예술(Art)은 사실 의학을 의미하는 것이었다. 그는 자신의 인생은 덧없이 짧을지 몰라도 자신이 연구하고 개발한 의술은 영원히 남아 인류에 공헌하리라는 것을 확신한 사람이었다.

그런데 요즘 젊은 사람들 중에는 긴 인생보다는 굵은 인생을 원하는 사람도 많다고 들었다. 그러다 보니 자신의 인생을 계획할 때 10년 후를 내다보는 사람이 드물다는 것이다. 당장 내일 어떤 일이 벌어질지 모르는 불확실의 시대를 살기에 10년 후를 생각할 겨를도 없을뿐더러 아무런 의미도 느끼지 못한다는 것이다. 그러니 다음 세대까지 생각하기는 더욱 어려울 것이다.

그러나 굵든 가늘든 우리 인생의 길이는 대체로 정해져 있다. 인류의 섭생이 좋아지고 의학이 날로 발전해 백쉰 살까지 사는 사람도 있다고는 하지만 아직까지는 대략 100년 내외에서 모든 인생이 마무리된다고 할 수 있다. 그런데 고작 100년에 불과한 인생을 무한한 길이로 늘일 수 있는 비결이 있다고 하면 모두들 귀가 번쩍 열릴 것이다.

그 답은 지극히 단순한 데 있다. 눈앞에 보이는 나 자신의 이익을 좇기보다는 사회와 다음 세대를 위해 진정으로 필요한 일이 무엇인지, 그리고 그것을 위해 내가 할 수 있는 일이 무엇인지 생각하고 실천하는 것. 그러면 내 삶이 끝난 다음에도 내가 사명감을 가지고 실천한 일과 그 일의 성과는 남아 있을 것이고, 그것을 통해 내 인생은 계속된다고 나는 확신한다.

너무 거창하다고? 나는 전혀 그렇게 생각하지 않는다. 인생이란 의외로 쉽고 단순한 데 그 답이 있을 수도 있다.

나 역시 나의 일곱 번째 자식인 동암문화연구소를 통해, 그리고 나의 후손들을 통해 앞으로도 길고 긴 인생을 살아갈 것이다. 나의 후손들과 동암문화연구소와 인연을 맺고 거쳐 간 많은 사람이 한국에서, 미국에서, 그리고 세계 곳곳에서 동암문화연구소의 정신을 잃지 않고 살아가는 한 내 인생은 지속될 것이다.

성공보다 성취를 추구하는 인생

인생의 최종 목표는 눈 앞에 보이는 성공이 아니다. 그런데 이상하게도 너무나 많은 사람이 인생의 목표를 성공에 두고 살아가고 있다. 이것은 마치 자전거를 타면서 모두가 세계 신기록을 갱신하는 사이클 선수가 되겠다는 허망한 목표를 갖는 것과 같다. 사람들은 내 삶을 두고 성공한 삶이라고 한다. 하지만 정작 나는 그 성공에 별다른 의미를 두지 않는다. 그리고 그들이 말하는 성공의 의미에 나는 쉽게 동의할 수가 없다.

아무개는 돈을 많이 벌어서 성공을 했고, 또 아무개는 명성을 얻어 성공했다고 말한다. 누군가는 높은 자리에 올라 큰 힘을 갖게 되었으니 또 성공이라 한다. 그러나 나는 큰돈을 벌어 어떤 의미 있는 일에 썼는지, 명성을 얻은 이후에 그 명성을 지키기 위해 어떠한 노력을 했는지, 그리고 높은 자리에서 갖게 된 큰 힘으로 어떤 의미 있는 일을 하고 다른 사람들에게 얼마만큼 도움을 주었는지에 따라 성공 여부가 결정된다고 생각한다.

내가 내 삶에 보람을 느끼는 이유는 성공보다 중요한 성취 때문이다. 성취란 나 스스로가 내가 선택한 일에 기쁨과 보람을 느낄 수 있을 때 얻을 수 있는 삶의 성과물이다. 내가 미국에 온 1948년은 일제 식민지에서 해방된 지 겨우 3년 남짓 되었을 무렵이다. 나라 전체가 어렵던 시절이었고, 특히 결혼할 즈음은 한국 전쟁 중이었기 때문에 집에서 원조를 받기는커녕 가족들의 생사 여부도 확인할 길이 없어 마음 졸여야 했다. 사정을 모르는 사람들은 내가 유복한 집안에 태어난 덕에 미국으로 유학을 떠나 마음 편히 잘 살았을 것이라는 오해를 하곤 한다. 하지만 전쟁이 일어나지 않았더라면 나는 공부를 마치고 일찌감치 한국으로 돌아갔을 것이고, 그러면 미국에서 긴 시간 동안 단지 동양인이라는 이유만으로 부당한 대우를 받으며 살지도 않았을 것이다.

전쟁이 끝났다고 해서 당장 돌아갈 수 있는 상황도 아니었다. 내가 선택해서 온 미국 유학이었지만 돌아가는 것은 내가 선택할 수 없는 상황이 되어 버린 것이다. 그런 상황에서 내가 할 수 있는 선택은 딱 하나뿐이었다. 돌아갈 수 있는 상황이 될 때까지 열심히 살아가는 것.

나에게 부당한 대우를 하고 이유 없는 차별을 하면 할수록 더 열심히 노력했다. 부당한 대우와 차별을 할 수 있는 여지를 아예 없애 버리자고 생각했다. 억울한 마음이 들수록 더 강한 마음을 먹었다. 나를 부당하게 대하는 사람들에 대한 원망을 키우기보다는 내 노력이 부족했다는 반성을 했다.

예일 대 비교문화연구소에서 일할 때까지도 이런 상황은 계속되었다. 인류학을 전공한 연구원들 중에는 인류학과 사회학을 모두 전공한 나를 단지 동양인이라는 이유로, 여자라는 이유로 인정하지 않으려고 했다.

비교문화정보체계를 개발했을 때도 마찬가지였다. 어떻게 해서든 나의 성과를 축소하려고 했다. 하지만 내가 모두가 선망하는 재단에서 연구 기금을 받게 되자, 그리고 일본 국립민족학박물관이 내가 개발한 비교문화정보체계를 인정하고 나를 객원 교수로까지 초청하자 모든 문제가 일순간 해결되었다. 내가 실력으로 인정받자 아무도 더 이상 나를 무시하거나 비난하지 못했다.

아직 끝나지 않았다

나는 결국 나 자신의 노력으로 나의 목표를 하나하나 성취해 나감으로써 인정받게 되었다. 하지만 그것이 미국에서의 성공을 의미하지는 않았다. 지금까지 숱한 고난과 역경을 겪으며 꿋꿋하게 그 명맥을 이어 온 한국이라는 나라의 한 국민으로서 한국인과 한국 문화의 우수성을 인정받을 수 있도록, 그리고 한국인으로서 부끄럽지 않도록 해야겠다는 의지 하나로 한 걸음 한 걸음 앞으로 나아가다 오늘에 이른 것이다.

내 삶의 성취는 아직 끝난 게 아니다. 나는 아직 성취해야 할 목표가 남아 있고, 그 목표에 다다르지 않는 한 함부로 성공을 말할 수 없다고 생각한다. 하지만 분명한 것은 성공이라는 결과보다 더 의미 있는 것은 성취해 가는 과정이라는 사실이다. 그리고 성취 뒤에는 반드시 성공이 따라올 것이라는 믿음이다.

내가 가고자 하는 길이 가로막혀 앞이 잘 보이지 않을 때도 크게 낙담하지 않고 또 다른 길을 찾기 위해 골몰하며 동분서주할 수 있던 것도 그 믿음 덕분이었다.

나는 지금까지 단 한순간도 하고 있는 일을 멈추고 싶다거나 그저 쉬고 싶다는 생각을 해 본 적이 없다. 아마 앞으로도 그 생각에는 변함이 없을 것이다. 아니 어쩌면 오히려 지금까지의 시간보다는 남은 시간이 짧다는 생각에 더 바쁘게 살아야 할 것 같다는 생각마저 든다. 내 나이를 궁금하게 여기는 이들에게 여든이 넘었다고 말하면 깜짝 놀라는 사람이 많다. 10년은 젊어 보인다고 말하는 사람들에게 손사래를 치며 너무 바쁘게 살아 늙을 시간이 없던 모양이라고 농담을 하지만, 일면 진심이기도 하다.

　아직까지도 은퇴를 생각하지 않고 활발한 현역으로 활동하고 있으니 설마 나이가 그렇게 되었으랴 싶은 생각도 들 테고, 아무래도 나이에 비해 활기차 보이기도 할 것이다. 그러나 나이를 먹을수록 체력이 예전 같지는 않아 아쉽다. 어찌 되었든 나는 지난 10년처럼 앞으로의 10년을 살아갈 예정이다. 그리고 그 이후에도 하나님이 허락하신다면 오랫동안 변함없이 지금처럼 지내고 싶다.

누군가에게
무엇이 될 수 있는 삶

'가치 있는 삶은 평생 자신이 모은 돈보다 부유하고 자신이 오른 지위보다도 높은 삶이다.'

사람들은 나를 두고 성공적인 인생을 살았다고 한다. 학자로서, 어머니로서 부러워할 정도로 잘 살았다고 말하곤 한다. 하지만 나는 내가 얼마나 성공했는지 알지 못한다. 내가 내 인생에 관해 말할 수 있는 것은 오직 이 한마디뿐이다.

'사람들이 말하는 성공을 하든 하지 못하든 나는 내 인생을 가치 있는 것으로 만들어 가고 싶다.'

나는 한평생 이와 같은 마음으로 최선을 다해 살아왔다.

우리는 수많은 사람의 인생에 대해 알고 있다. 역사에서 배운 위인들, 책에서 읽은 주인공들, 매스컴에서 주목하는 스타들. 그리고 우리는 가족과 이웃의 삶에 대해 관심을 가지고 살아간다. 우리가 다른 사람의 인생을 주목하거나 관심을 갖는 이유는 단순한 호기심 때문이 아니다. 다른 사람의 인생을 통해 내 삶의 가치를 깨닫고 그 가치를 더 높이기 위해서다.

나 역시 80년 넘게 살아오는 동안 끊임없이 가치 있는 인생은 무엇일까 고민했다. 어쩌면 내가 지금까지 끊임없이 공부하고 연구하며 살아온 것이 가치 있는 인생의 정의를 찾는 과정이 아니었을까 하는 생각도 든다.

지난 세월 꿈을 키우고, 학문을 탐구하고, 아이들을 키우며 여기까지 오는 동안 내가 찾아낸 가치 있는 삶의 정의를 이제는 이 책을 통해 밝힐 때가 된 것 같다. 또한 이는 그 정의를 알면서도 항상 실천이 부족하던 나 자신을 재촉하기 위해서이기도 하다.

내 나이 여든하나. 한 세기를 향해 나아가고 있는 나의 인생을 반추하며 이제는 다음 세대를 위해 가치 있는 삶이 어떤 것인지를 말해 주고 싶다. 내가 적지 않은 세월을 살아오면서 깨달은 가치 있는 삶은 다음의 한마디로 요약된다.

'나의 존재가 세상 누군가에게 무엇인가가 되는 삶이다.'

이것은 '당신은 누구인가?', '당신은 왜 사는가?' 라는 질문에 대한 답이기도 하다. 왔다가 사라지는 존재가 아니라 동시대를 산 누군가의 삶에, 기억에, 가슴에 의미 있는 존재로 남을 수 있는 삶이어야 한다는 것.

동시대는 물론 내가 떠난 다음 시대에도 나의 존재가 긍정적인 영향을 줄 수 있도록 살아야 한다. 가치 있는 삶은 나의 이름으로 모든 것을 설명할 수 있는 삶이다. 하지만 그것은 단순한 명예와는 다른 가치다.

내 이름 석 자로 삶을 설명할 수 있다면

'호랑이는 죽어서 가죽을 남기고 사람은 죽어서 이름을 남긴다'는 말이 있지만, 우리는 이 말을 잘 새겨 이해해야 한다. 호랑이 가죽을 값비싼 호피로만 생각하면 안 된다. 사람의 이름을 그저 유명함으로만 여겨서도 안 된다. 호피는 호랑이임을 알려 주는 유일한 증거이자 정체성이다. 호피를 남겼기에 호랑이인 줄 아는 것이다.

우리가 가진 이름도 그런 것이다. 이름은 그 사람을 설명하는 정체성이나 다름없다. 그 사람의 배경이 어떠하든, 그 사람이 얼마나 많은 돈과 권력을 지니고 살았든, 그 사람이 무슨 일을 하든, 현재 소속이 어디든 사람들이 기억하는 것은 그 사람의 이름이다. 그래서 우리는 이름값을 하고 살아야 하는 것이다. 나 스스로에게, 또 세상에게 부끄럽지 않은 이름으로 살 수 있어야 한다는 뜻이다.

누군가에게 의미 있는 존재가 되기 위해서는 현재의 삶을 충실하게 살아가야 한다. 가치 있는 삶은 과거나 미래가 아닌, 현재를 사는 삶이다.

현재를 충실하게 산다면 그것은 모두에게 기억될 만한 빛나는 과거를 남길 수 있고, 누군가의 미래를 밝히는 거울이 될 것이다. 그러므로 가치 있게 산다는 것은 현재 내가 있는 곳에서 현재의 일을 나중에 후회하지 않도록 충실하고 일관성 있게 해야 한다는 의미다.

사람들은 동물보다 인간이 훨씬 영리하다고 생각한다. 그래서 인간을 만물의 영장이라고 여긴다. 하지만 사람은 돌이킬 수 없는 과거에 얽매여 끊임없이 고통받고 사는 존재다. 아직 오지 않은 미래를 때론 기대하고 때론 두려워하며 온갖 스트레스를 안고 산다.

현재를 살면서도 언제나 생각의 타임머신을 타고 과거와 현재를 넘나들며 부질없는 후회와 걱정으로 산다. 그러면서 가장 충실하게 보내야 할 현재의 순간을 놓친다. 오직 인간만이 과거와 미래에 집착하며 자신을 괴롭힌다. 동물과 인간 중에 누가 더 현명하다고 할 수 있을까?

인생을 가치 있게 살려면 현재를 열심히 살아야 한다. 자신이 과거에 얼마나 화려하게 살았는지, 지난날 누구로부터 어떤 상처를 받고 살았는지 되새기며 번뇌하는 일은 현재를 사는 데 아무런 도움을 주지 않을 뿐 아니라 현재의 행복까지 방해한다.

미래에 대한 꿈을 꾸는 것은 물론 중요하다. 미래의 불확실성을 염두에 두고 예견되는 위험에 대비하는 것도 필요하다. 하지만 막연히 미래를 걱정하거나 마치 엄청난 기회를 얻을 것처럼 기대하고 상상하는 것은 현재를 사는 데 그다지 도움이 되지 않는다.

현실에 충실하면서 미래를 설계하는 것이 인생을 발전적으로 만든다. 그것이 바로 지금 살고 있는 삶을 가치 있게 만드는 가장 확실한 방법이다.

현재 나의 존재가 세상 누군가에게 가치 있는 무엇이 된다면, 나는 결코 외롭지 않을 것이다. 또 나의 가치가 누군가에게 긍정적인 영향을 미친다는 확신이 있다면 다른 사람과 사소한 일로 갈등하는 일도 없을 것이다.

우리가 다른 사람과 갈등하는 근본적인 이유 중 하나는 내가 그 사람에게서 좋지 않은 영향을 받기 때문이다. 내가 그 사람에게 항상 좋은 영향을 주고 있다면 그 사람으로부터 나쁜 영향을 받지는 않는다. 오히려 서로에게 도움이 되면서 함께 의미 있는 삶을 꾸려 나갈 것이다.

내가 누군가에게 무엇이 될 수 있다는 중요한 삶의 가치를 깨달으면 혼자 있어도 결코 외롭지 않고 함께 있어도 다투지 않는 삶을 살 수 있다.

나는 나를 낳아 주고 키워 주신 부모님의 딸이며, 나와 결혼한 남편의 아내이며, 6남매의 어머니이며, 내가 가르친 학생들의 선생이다. 나는 부모님에게, 남편에게, 자식들에게, 제자들에게 부끄럽지 않은, 아니 자랑스러운 사람이고 싶었다. 그리고 나는 지금의 나를 있게 한 사회와 국가와 나를 믿고 지지를 보낸 모든 사람에게 환영받는 이가 되고 싶었다.

내가 어떤 삶을 살았는지, 어디서 무엇을 하며 살았는지 아무도 알지 못한다면 그것을 가치 있는 삶이었다고 말할 수 있을까?

가치 있는 삶은 누군가에게 내가 의미 있는 존재가 되는 것이라고 생각한다. 나의 삶이 나와 동시대를 사는 사람이나 다음 세대의 누군가에게 아무런 영향도 미치지 못했다면, 그 또한 가치 있는 삶이라 말하기 어렵다.

부모는 자식에게 무조건적으로 베푸는 존재여야 하며, 스승은 제자에게 가르침을 주는 사람이어야 한다. 사장은 직원에게, 선배는 후배에게, 친구는 친구에게, 이웃은 이웃에게 각자 의미 있는 존재가 되어야 한다.

어느 학자가 50년 동안 한 가지 분야를 연구하여 비록 그 성과가 미미하더라도 같은 분야를 연구하는 후배들에게 도움이 될 수 있었다면 그 자체로도 그 학자는 가치 있는 삶을 산 셈이다.

나 역시 학자로서 항상 외롭고 힘든 길을 걸어왔지만 늘 나의 후배들에게 한 단계 도약할 수 있는 작은 발판이라도 되고자 하는 일념으로 지금까지 공부와 연구를 멈추지 않고 살아왔다.

이역만리 미국 땅에 건너와 6남매를 키우며 계속 공부하는 나를 두고 처음에는 억척스럽다고 말하는 사람들도 있었다. 나는 단지 공부에 대한 욕심만으로 오기를 부린 것이 아니다. 내가 한 공부가 이론으로 정비되고 실행이 되어 조금이라도 세상에 도움이 되었으면 좋겠다고 생각했다.

지금껏 나는 공부를 멈추지 않는 나를 보면서 아이들이 무언가 배우기를 바랐다. 학업과 집안 살림을 병행하느라 고달픈 일도 많았지만 다행히 아이들은 나의 기대를 저버리지 않고 건강히 잘 자라 주었다.

이제 사회의 주축이 된 아이들이 나를 자랑스럽게 생각하는 것을 보면 나 역시 뿌듯하다. 내가 연구소를 설립하고 끊임없이 연구와 여러 사회 활동을 게을리하지 않는 것도 어느 사회, 어느 누군가에게 자그마한 도움이 되고 싶어서다.

백 마디 말보다 한 번의 행동

돌이켜 생각해 보면 참 길고 긴 시간이기도 하고, 한편으로는 눈 한 번 깜박하고 나니 흘러가 버린 찰나와도 같이 짧은 시간이다. 남편과 사별한 뒤 함께 지내자는 자식들의 권유가 자주 있었지만 나는 한동안 혼자 지내기를 고집했다. 그러다가 여든 번째 생일을 앞둔 지난해부터 코네티컷 주에 위치한 휘트니 센터로 옮겨 와 생활하고 있다.

휘트니 센터는 비영리 단체로, 은퇴한 노인들이 안락하고 안정적이면서도 활발한 사회적 활동을 지속할 수 있도록 조성된 건강 복지 시설이다. 각 가구별로 독립적이고 간소한 생활을 할 수 있도록 아파트 형태로 만들어진 곳이다.

내가 지금 살고 있는 휘트니 센터에는 세계 곳곳에서 온 노인들이 있다. 하지만 한국 사람은 나뿐이다. 나는 내가 한국 사람이라는 사실만으로도 이곳에 있는 많은 이에게 적잖은 의미를 주고 있다고 생각한다. 그들은 나를 통해 한국이란 나라를 알아 가고 있기 때문이다. 이곳에서 나는 종종 한국을 알리는 민간 외교관이라 불린다.

서울에서 올림픽을 개최한 지도 어언 20년이 넘었고, 4강 신화의 기적까지 이룬 월드컵을 개최한 지도 벌써 10년이 다 되어 가는 요즘도 미국 곳곳에는 아직도 한국이 어떤 나라인지 모르는 사람이 놀랄 정도로 많다. 내가 휘트니 센터에 처음 입주했을 때도 마침 한국인은 나 혼자밖에 없던 터라 한국이라는 나라에 대해 제대로 된 개념을 갖지 못한 사람이 꽤 많았다.

새로운 환경에 미처 적응도 하기 전에 나는 나의 새로운 소명을 발견했다. 그것은 휘트니 센터에 거주하거나 이곳에서 일하는 이들이 하루빨리 한국과 한국인에 대한 선입견을 깨고 한국 문화에 대한 개념을 확립할 수 있도록 도움을 주는 것이었다.

나는 곧 센터가 속한 노인 대학을 찾아갔고, 그곳에서 한국 문화에 대한 이해를 도울 수 있도록 몇 차례의 강연을 했다. 또한 동암문화연구소와 협력 관계에 있던 성신여대와 협조하여 한국 전통 의상을 알리는 패션쇼를 열어 큰 호응을 얻기도 했다.

이로 말미암아 휘트니 센터에서 한국과 한국 문화, 그리고 한국인에 대한 위상이 한층 높아지게 되었다. 하지만 당시 나는 내 입장과 상황에서 당장 할 수 있는 일, 또 당연히 해야 할 일을 했을 뿐이다. 나는 내가 살아온 미국 사회를 포함한 세계 곳곳에 한국의 문화와 이미지를 남기고 싶다. 그것이 나를 낳아 기른 한국과 내가 60년 이상 살아온 미국 사회에 진 큰 빚을 갚는 유일한 방법이라고 생각하기 때문이다.

우리 부부는 평생 우리가 속한 사회와 우리나라를 위해 뭔가 도움이 될 만한 일을 하며 살겠다는 의지를 가지고 있었다. 하지만 아이들에게 이런 생각을 강요한 적은 없다. 더욱이 손자 손녀들에게는 세계 속에 훌륭하고 뛰어난 한국 문화를 각인시키는 데 내 평생을 다하겠다는 나의 사명감을 구체적으로 말해 준 적도 없다. 그런데도 내 아이들과 또 그 아이들의 아이들은 자연스럽게 우리 부부의 생각과 가치관을 계승해 나가고 있다.

이제 내 여섯 아이는 물론이려니와 그 아이들의 아이들인 손자 손녀, 그리고 며느리와 사위들까지도 동암문화연구소에 대한 애정이 각별하다. 아무도 시킨 사람이 없는데 손주 중 한 녀석은 검색 사이트에서 동암문화연구소가 1순위로 검색이 되게끔 등록을 해 두었다.

또 다른 녀석은 서울대 법대 연구원으로 있을 때 동암문화연구소 웹사이트에서 영감을 얻어 조선의 계급 사회와 국제인권법을 연관시킨 논문을 작성하기도 했다. 아이들이 스스로 생각하고, 관심을 갖고, 어느새 그것에 대한 자부심까지 느끼고 있으니 놀랍고 기특할 뿐이다.

때로는 백 마디 말보다 한 번의 행동이 더 큰 힘을 발휘할 경우가 있다. 나는 나의 삶을 충실히 살았을 뿐이다. 내가 선택한 길에 대해 책임과 소명을 다하기 위해 매일 내게 주어진 밭을 갈며 살았다. 그런 나의 삶이, 그리고 내 남편의 삶이 어느 틈엔가 우리 아이들에게도 삶의 방향을 결정하는 영향을 미치고 있었던 것이다.

에베레스트 산도
한줌 흙에서 시작되었다

　일생을 걸고 자신이 할 일을 선택할 때는 어떤 상황 속에서도 선택한 일을 끝까지 해내고야 말겠다는 책임감과 함께 그 일은 자신이 반드시 해야 한다는 사명감과 소명 의식이 바탕이 되어야 한다. 그러나 그보다 더 중요한 것은 그 일을 통해 내가 얻고자 하는 목표가 개인의 영달에만 그칠 것이 아니라 반드시 공동의 목표와 동일선상에 놓여 있어야만 한다는 것이다.

　단순히 나와 내 가족들이 잘 먹고 잘 살기 위해 하는 일이라면 그것이 무슨 일이든 아무런 상관이 없지 않을까? 더욱이 적성이나 일의 의미 따위는 생각하지 않아도 큰 문제가 되지 않을 것이다.

내가 휘트니 센터에서 만난 하워드(Howard R.)는 '하나님의 망치(Hammer of god)'라는 별명을 가지고 있다. 그는 언젠가 전력을 적게 소모한다는 친환경 전구를 구해 가지고 와서 200가구가 넘는 휘트니 센터를 가가호호 돌아다니며 전구를 직접 교체해 주기까지 했다.

휘트니 센터의 환경 운동가로 통하는 로버트(Robert L.)는 과거에는 명문대 교수와 국제정치학회 회장까지 지낸 사람이다. 그는 요즘 두 가지 바람을 가지고 있다고 한다. 하나는 현재 전 세계가 처한 심각한 환경 문제를 획기적이면서도 합리적으로 해결할 수 있는 방안이 나왔으면 하는 것이고, 나머지 하나는 남은 생을 통해 자신의 작은 노력이 지구 환경을 되살리는 데 미약하게나마 도움이 되었으면 하는 것이라고 한다.

휘트니 센터를 포함한 여든 개 이상의 노인 복지 시설이 협약해 환경을 지키는 데 도움이 될 만한 일을 해 보고 싶다는 포부를 가진 그는 요즘 예일대 환경학 대학원생 몇몇과 뜻을 모아 비영리 단체에서 환경 운동을 하고 있다.

빈 깡통을 주워 파는 전직 정치학 박사 파멜라와 더불어 로버트, 하워드에게 나는 생활 속 환경 운동 실천가라는 직함을 주고 싶다.

거창하게 환경 운동가라고까지 할 필요가 있겠느냐 생각하는 사람도 있을 것이다. 그렇다면 나는 그 사람에게 하늘 아래 가장 높다는 에베레스트 산도 결국 한 줌 흙에서 시작되었다는 말을 해 주고 싶다.

욕심을 버리면 아직도 할 일은 많다. 현재 동암문화연구소 부이사장인 라카메라 박사(Dr. LaCamera)는 일생을 봉사에 바친 성취한 삶의 귀감이 되는 사람이다.

그는 소아과 의사 출신으로 일찍이 장애를 가진 아동들을 위한 학교법을 통과시켰다. 그리고 팔순이 넘은 나이에도 서른 군데가 넘는 기관과 단체의 이사직을 맡고 있다. 그것도 허울 좋게 이름만 올려 둔 것이 아니라 활발한 활동을 벌이고 있다.

그는 아무리 작은 일이라도 자신이 도움을 줄 수 있는 일이라면 언제든 두 팔을 걷어붙이고 나선다. 그 역시 내가 살고 있는 휘트니 센터 이웃인데, 누구보다 바쁜 일정을 소화하며 건강하게 지낸다.

휘트니 센터 이웃들은 대부분 무기력하게 시간을 보내는 법이 없다. 아흔 살이 넘어 혼자 힘으로는 걷기조차 힘든 사람들까지도 늘 뭔가 하고 있다. 인형과 가구 미니어처를 만드는 재주가 뛰어난 친구인 캐서린(Catherine S.)은 늘 자기가 만든 것에 대한 특별한 스토리를 지어내 일기로 쓰고 있다.

한번은 그녀가 소장하고 있는 세계 각국의 인형 자료들을 토대로 세미나와 전시회를 열기도 했다. 동암문화연구소가 주최한 이 행사에는 휘트니 센터 이웃들뿐 아니라 여러 인사가 참석해 인형을 통해 세계 각국의 문화를 비교해 볼 수 있는 뜻 깊은 시간을 가졌다.

그녀가 벌써 3년 전부터 해 오던 시로 일기를 쓰는 작업은 벌써 그 분량이 10권에 달한단다. 자신의 삶을 차근차근 정리해 가며 그 속에서 만난 사람, 그와 나눈 이야기까지 꼼꼼하게 정리하고 기록해 둔다고 한다.

아흔 살이 넘어 혼자 힘으로는 걷지도 못하는 그녀는 이웃들 모르게 사진을 찍어 두었다가 이따금 깜짝 선물을 한다. 혼자 힘으로는 제대로 할 수 있는 일이 없지만 자신의 작은 노력으로 사람들이 기뻐하는 모습을 보는 것이 큰 보람이라고 한다.

또한 휘트니 센터는 거주자들과 운영자들이 자발적으로 만든 여러 모임이 있는데, 그중 가장 활발한 활동을 벌이고 있는 것이 바로 뜨개질 모임이다. 휘트니 센터가 제공하는 실과 도구를 이용해 병원에 있는 아이들이나 노인들을 위한 담요, 모자 등을 떠서 기증하는데, 벌써 삼천여 개를 기증했다. 몸이 불편한 사람들도 손가락만 움직일 수 있다면 참여가 가능해 큰 호응을 얻고 있다.

보이지 않는 나만의 명함

한국에 갈 때마다 느끼는 것이지만 우리나라 사람들은 명함에 대한 집착이 크다. 명함 앞뒤로 여러 직함이 빽빽하게 적혀 있어 가끔은 이 사람의 주요 업무가 무엇인지 모를 때도 있다. 하지만 그 사람의 진정한 가치는 명함에 적힌 직함이 말해 주지 않는다.

얼마나 자신의 인생에 자신이 없으면 한낱 종이에 불과한 명함으로 인정받으려 할까 싶어 안타까운 마음마저 든다. 금박 장식까지 한 화려한 종이 명함보다는 자기 자신만이 아는 보이지 않는 명함이 더 가치 있다.

《엘리트보다는 사람이 되어라》를 집필할 당시 내가 어떤 사람인지 스스로 정리해 보기 위해 그동안 내가 해 온 일들을 적어 보았는데 종이 한두 장에는 도저히 다 쓸 수가 없었다.

왕성하게 활동하던 젊은 시절에는 나 역시 서른 가지 이상의 역할을 동시에 하던 때가 있었다. 남편이 활동하던 정치학회, 국제학회, 동양학회에서 임원으로 활동하면서, 학술원 이사, 유네스코 대표를 하며 틈이 날 때는 봉사 활동까지 했으니, 내가 생각해도 참 일을 많이 했었다.

하지만 요즘은 나는 내 역할을 다섯 가지 정도로 정리해 말할 수 있다. 소소한 것들까지 포함한다면 더 늘어나겠지만 가장 중요한 것을 추릴 수 있게 된 것이다. 그중에서도 가장 중요하게 생각하는 것은 지금까지 내가 소속되어 오랫동안 서로 도움을 주고받은 한인 사회와 교회 등 공동체 내에서 해야 할 역할이다. 내 일생이 고스란히 담긴 동암문화연구소에서의 역할 또한 빼놓을 수 없다. 내가 지금까지 어떤 일을 해왔는지 남들에게 보여주기 위해 모두 적는 것이 중요한 것이 아니라 나 스스로 무슨 일을 해왔는지를 정확히 알 수 있다면 그것으로 충분하다는 생각이다.

  자신이 어떤 훌륭한 일을 하는지 다른 사람들이 알아주었으면 하는 마음을 버리면 겉치레가 가득한 명함 또한 버릴 수 있다. 그래도 명함에 대한 아쉬움이 남는다면 그 어떤 명함도 인생의 의미와 가치를 모두 대신해 주지 못한다는 사실을 다시 한 번 생각해 보는 것이 좋다.

  직업에는 귀천이 없는 법이고, 누군가에게, 어딘가에 의미가 있는 일이라면 그 의미에는 경중이 없다. 일을 통해 실질적인 소득을 얻지 못할지라도 이 세상 누군가에게 작으나마 도움을 줄 수 있다면 그것은 충분히 가치 있는 일이다.

  작은 텃밭을 일구어 소박하게 농사를 짓는 사람이라도, 그가 수확한 농산물로 누군가가 끼니를 해결한다면 큰 의미가 아닐 수 없다. 더욱이 그 농산물을 먹은 사람이 그 힘으로 또 다른 일을 해내어 이 세상에 어떤 긍정적인 영향을 미쳤다면 그 의미는 더욱 커질 것이다. 이렇게 작은 의미가 모여 언젠가는 에베레스트 산보다 큰 의미가 되는 것이다.

Chapter Two

인생은 혼자가 아닌 함께 걷는 길이다

세상에 돈이 없어서 절대로 할 수 없는 일은 그리 많지 않다.
그러나 사람이 없으면 아무 일도 할 수 없다.
사람의 소중함을 알고 있기에
오늘도 나는 나의 인복을 위해 노력한다.
그 노력은 다름 아닌 늘 나누고 베풀며
함께 살아가고자 하는 것이다.

인복은 스스로 만드는 것이다

 사람들은 늘 나의 인복을 부러워한다. 주변에 좋은 버팀목이 많아 학자로 성공하고 아이들도 하나같이 잘 기른 것 아니냐고 말한다. 물론 지금까지 살아오면서 좋은 인연을 많이 만났고, 그들이 큰 힘이 되어 준 것도 사실이다. 여러 가지 위기와 난관에 부닥쳤을 때 도움을 준 고마운 사람들 얼굴이 지금 이 순간에도 차례로 스쳐 지나간다.
 하지만 중요한 사실 한 가지는 인복은 타고나는 것이 절대 아니라는 것이다. 인복은 내가 사람에게 기울이는 정성에 따라 달라지는 것이다. '나는 지지리도 인복이 없어'라고 푸념하는 사람들에게는 한 가지 공통점이 있다. 그들은 하나같이 마음의 여유가 없는 사람들이다. 자기 자신의 마음에 여유가 없기 때문에 남에게 베풀 수가 없다. 베풀지 않는데 남의 베풂을 받을 수 있겠는가. 복 중의 가장 큰 복은 인복이다. 그리고 내 생애 가장 큰 인복은 역시 남편이다.

남편과의 만남이 있었기에 큰딸 경신이를 비롯한 나의 여섯 아이와의 만남도 가능했다고 생각한다. 나를 아내로 그토록 사랑해 주고 학자로 지지해 준 남편과, 다른 엄마들처럼 일일이 신경 써 주지 못했는데도 스스로 삶을 일구어 내고 잘 자라 준 아이들은 내가 그들에게 베푼 것 이상으로 돌아온 내 생애 최고의 인복이다.

그리고 내가 개발한 비교문화정보체계를 채택해 일본 문화 정보를 전산화해 준 우메사오 다다오 박사도 잊을 수 없다. 그는 단 한 번도 내가 한국인이라는, 또 여자라는 선입견 없이 나를 지지해 준 사람이었다. 그 밖에도 동암문화연구소 이사장으로서 많은 것을 도와주고 있는 라카메라 박사 등 일일이 열거할 수도 없을 만큼 고마운 사람이 많다.

좋은 끝은 없어도 나쁜 끝은 있다

살다 보면 베푼 만큼 반드시 돌아오는 게 아니라는 것쯤은 경험으로 알게 된다. 물론 언젠가 무엇인가 돌아오리라는 기대를 가지고 남에게 베푸는 것은 아니지만 나의 베풂이 늘 돌아오지 않는 메아리가 된다면 가끔은 내 마음을 몰라주는 세상 사람들이 야속하다 느껴질 때도 있을 것이다.

하지만 옛말에 '좋은 끝은 없어도 나쁜 끝은 반드시 있다'는 말이 있다. 내가 베푼 것이 되돌아오지는 않아도 내가 남에게 끼친 해는 반드시 되돌려 받게 된다는 세상 이치를 말하는 것이다. 빚진 것은 잊어도 받을 빚은 절대 잊지 않는 것이 모든 사람의 마음이기 때문이다.

이화여대 비서학과에서는 6년 전부터 우리 동암문화연구소에 훌륭한 인턴사원들을 보내 주고 있다. 정말 고마운 일이다. 모두 훌륭한 재원이라 우리 연구소를 위해 많은 도움을 주고 가고 인턴십을 마치고 난 다음에도 지속적으로 연락을 해 도와주기를 자청한다. 늘 일손이 부족한 우리 연구소로서는 여간 반가운 일이 아니다. 뿐만 아니라 오래전에 인턴십 과정을 거쳐 간 사람들이 우리 연구소에서 어떤 행사를 열 때 생각지도 못한 기부금을 듬뿍 가져오기도 한다. 이 역시 나의 인복이다.

그런데 생각해 보면 동암문화연구소도 열의를 가진 이들에게 최대한의 기회와 행운을 주는 곳이다. 인턴사원들에게는 으레 별반 이력이 되지 않을 잡무를 시키게 마련이지만 우리 연구소는 다르다. 6주라는 짧은 시간 동안 근무하는 인턴사원들조차 개별 면담을 통해 어떤 일을 해 보고 싶은지 들어보고, 또 어떤 일을 할 수 있는지 파악한 다음 적합한 일을 맡긴다.

인턴사원들의 개성과 능력을 존중해 주는 것도 중요하다. 무슨 일이든 배우겠다는 마음가짐으로 왔겠지만 숫자에 능한 사람이 있는가 하면, 숫자에는 영 젬병인 사람이 있다. 대신 글을 쓰는 능력이 뛰어나거나 창의적인 아이디어가 많을 수 있다. 그래서 일을 주기 전에 충분히 면담을 하는 것이다. 충분한 면담 후에 적합한 업무를 주면 동기 부여가 되기 때문에 일을 더 효율적으로 처리하게 된다.

그리고 일을 시작하면 매주 한 번씩 진행 상황을 점검해 주고, 앞으로 이 경험을 토대로 어떤 일을 해 나갈 수 있을지에 대한 청사진을 제시해 주기도 한다. 사실 6주라는 기간은 일을 배우기에는 턱없이 부족한 시간이다. 하지만 우리 연구소는 이 기간에 인턴사원들이 앞으로 자신이 무엇을 위해 살아야 할지 그리고 그것을 위해 무엇을 해야 할지 정도는 얻어서 나가기를 바란다.

우리 연구소에서는 아무도 그들을 귀찮은 잡무나 대신해 주는 사람으로 생각하지 않고, 그들 역시 이곳에서의 업무를 그저 시간만 때우고 가는 인턴십 정도로 생각하지 않는다.

인턴사원들이 지금까지 수행한 모든 업무는 동암문화연구소 기록으로 남아 있다. 그것은 자신들이 동암문화연구소에 남긴 성과가 되고, 다음에 들어올 인턴사원들에게는 훌륭한 지침서가 된다.

이렇게 우리 연구소를 거쳐 사회로 나간 많은 재원이 지금도 연락을 해 오고, 뭔가 도울 일이 있느냐며 찾아오는 것이다. 설령 자주 찾아오지는 못하더라도 동암문화연구소에서 얻은 경험을 밑바탕으로 이 사회 곳곳에서 훌륭히 자기 몫을 해내고 있다면 그 또한 동암문화연구소 이름을 빛내는 일이기에 고마운 마음이 든다.

세상에 돈이 없어서 절대로 할 수 없는 일은 그리 많지 않다. 그러나 사람이 없으면 아무 일도 할 수 없다. 사람의 소중함을 알고 있기에 오늘도 나는 나의 인복을 위해 노력한다. 그 노력은 다름 아닌 늘 나누고 베풀며 함께 살아가고자 하는 것이다.

모든 것을
혼자 해낼 수는 없다

아무리 능력이 뛰어난 사람도 모든 것을 혼자 해낼 수는 없다는 것이 내 지론이다. 그래서 힘 중에 가장 큰 힘은 바로 네트워크의 힘이다. 백짓장도 맞들면 낫고, 쉽게 부러지는 성냥개비도 열 개, 스무 개를 한 묶음으로 묶으면 여간해서 부러뜨릴 수 없는 것처럼 말이다.

휘트니 센터에서 인형 세미나(Bridging Culture Through Dolls)를 개최한 적이 있다. 지인을 통해 우연히 알게 된 한국인 부인의 취미가 인형 만들기였는데, 그저 취미라기엔 예사로운 솜씨가 아니었다. 조선 시대 여성을 표현한 아름다운 인형은 거의 예술 작품 수준이었다. 알고 보니 남편이 박사

과정을 공부하던 7~8년 동안 두 딸을 키우며 아주 열심히 해 온 일이라고 했다.

그래서 그녀의 솜씨도 알릴 겸 세계 각국의 인형을 통한 문화 교류를 테마로 한 세미나를 해 보자는 생각을 하게 된 것이다. 일단 세미나 추진 위원회를 구성하고 휘트니 센터 이웃들에게 곧 인형 세미나를 열 예정이니, 소장하고 있는 인형을 보내 달라고 했다. 인형을 모아 전시회도 하고, 인형 주인들에게 그 인형이 가지고 있는 문화적 배경에 대한 설명을 하도록 하는 포럼도 구상했다. 인형의 문화적 배경에 대한 기조 발표는 처음에 그 부인에게 맡길 생각이었는데, 영어가 서투르다며 자신 없어 해서 동암문화연구소의 연구원이기도 한 김영애씨가 맡아 주었다.

처음 공지를 할 때만 해도 세계 각국의 문화를 상징할 만한 다양한 인형을 그토록 많이 모을 것이라고는 상상도 하지 못했다. 하지만 어느 집안에서 3대째 전해 내려온다는 스칸디나비아 크롤에서부터 이탈리아 시칠리아 섬의 오페라 인형, 일본 소작인의 딸이 지주의 아기를 업은 인형, 아메리카 인디언들이 부적으로 사용했다는 지푸라기 인형에 이르기까지 해당 국가의 민속박물관에나 가야 겨우 볼 수 있을 만한 진귀한 인형들이 속속 도착하기 시작했다. 그러다 마침내 18개국의 다양한 문화적 배경을 갖고 있는 80여 점의 인형을 한자리에 모았다. 그중에는 좀처럼 쉽게 접할 수 없는 알래스카 에스키모의 인형이나 거의 문화재급에 속한다고 할 수 있는 18세기 독일 인형까지 있었다.

작은 것을 나누고 더 큰 것을 얻다

그뿐만이 아니다. 추진 위원회에서는 세미나 개최에 필요한 기금을 모으기 시작했고, 동암문화연구소에서는 세미나 준비와 함께 손님 초청을 맡아 주었다. 각자가 가진 능력을 발휘하면서 분주하게 움직여 준 덕에 세미나를 성황리에 마칠 수 있었다.

하지만 우리 중에 인형 전문가는 단 한 사람도 없었다. 세계 각국의 인형을 한자리에 모아 인형 전시회를 열어 보겠다는 의지로 생애 많은 부분을 할애해 인형 수집에 나선 사람도 없고, 인형의 역사를 꿰고 있는 사람도 없었다. 단지 취미로 인형을 만드는 사람이 있었고, 그녀가 인형을 만들면서 모은 몇몇 자료가 내 눈에 띄었을 뿐이다. 그것이 발단이 되어 인형 세미나라는 아이디어를 냈지만, 내가 인형 전시회를 하겠다고 했을 때 선뜻 자신의 애장품을 보내 준 사람들이 없었다면 전시회는 이루어지지 못했을 것이다.

바쁜 일과 중에 방대한 자료를 수집해 인형의 역사와 문화적 배경을 정리해 준 연구원을 비롯해 세미나와 전시회 준비에 자신이 가진 능력과 열정을 아낌없이 쏟아부어 준 사람들이 없었다면 내 아이디어는 한낱 아이디어로 머물고 말았을 것이다.

 만일 그랬더라면 우리 중 누구도 세계 각국의 인형에 대해, 그리고 그 인형이 반영하고 있는 문화적 특성에 대해 그토록 해박한 지식을 갖지 못했을 것이다.

 우리는 아주 작은 것을 나누고 더 큰 것을 배우고 얻었다.

 주변을 둘러보면 내가 가지고 있는 인적 네트워크가 엄청나다는 것을 알게 될 것이다. 그 네트워크를 잘 활용하기만 하면 내가 계획하고 꿈꾸는 일은 대부분 할 수 있다. 그것이 바로 네트워크의 힘이다.

 하지만 네트워크를 이용하려고만 하면 언젠가는 그 네트워크가 끊어지게 마련이다. 내 주변의 훌륭한 인적 네트워크를 활용하는 한편, 나 역시 누군가에게 네트워크가 되어 주어야 한다. 주변의 누군가가 어떤 일에 대해 도움을 필요로 할 때 설령 내 분야가 아니더라도 나 몰라라 해서는 안 된다. 찾아보면 반드시 그 일을 도와줄 누군가가 내 주변 어딘가에 있기 때문이다.

가장 가까운 사람들부터
사랑하라

    생각해 보면 어린 시절에는 부모 형제가 나의 전부이며 우주였다. 어머니에게 꾸중을 들으면 세상에 혼자 남겨진 것처럼 외로웠고, 동생과 다투고 나면 전쟁이라도 난 것처럼 마음이 심란했다. 하지만 나이가 들고 자기만의 세계와 몰입할 일이 생기고 나면 몸도 마음도 부모 형제로부터 독립적인 상태가 된다. 결혼을 해서 일가를 이루고 나면 완전히 독립되고, 그때부터는 부모 형제들과의 관계가 차츰 소원해지게 마련이다.

    하지만 부모 형제는 내가 이 세상에서 처음으로 만난 타인이다. 그 누구의 선택도 아니었지만 그들이 없었다면 내가 이 세상에 존재할 수조차 없던 내 피붙이들이다. 그런데도 나이가 들면서 관계가 소원해져 형제들과 남처럼 지낸다는 사람들이 있다. 심한 경우 부모가 세상을 떠난 다음부터는 남보다 못한 사이가 되었다는 사람들도 있다. 겉으로 보기에는 행복한 모습일지라도 이들은 결국 결여된 삶을 살아갈 수밖에 없다.

사랑할 수 있을 때 마음껏 사랑하라

형제자매 없는 셈치고 산다며 의기양양하게 말하는 사람들에게 꼭 해 주고 싶은 말이 있다. 피를 나눈 형제와도 등을 돌리고 살면서 세상 누구와 마음을 합쳐 같은 방향으로 나아갈 수 있겠느냐고 말이다.

우리가 이 세상에 태어나 처음으로 양보를 배우는 대상이 바로 형제다. 나의 아픔이 아닌데도 불구하고 마치 내 생살을 찢는 듯한 아픔을 공유할 수 있는 대상도 바로 형제이고 자매인 것이다. 그런 형제자매가 설령 내 마음을 다치게 하고 서운하게 했다고 해서 등을 돌리고 남같이 지내며 용서하지 못한다면 과연 누구를 용서할 수 있겠는가 말이다.

지금까지 말해 왔듯이 나는 크게 후회할 것이 없는 인생을 살았다. 노력한 만큼, 혹은 그 이상의 성과를 생전에 얻었기에 아쉬움도 없다. 하지만 한 가지 아쉬움이 있다면 열아홉의 나이에 미국에 와 지금까지 살면서 부모 형제와 많은 시간을 함께하지 못했다는 것이다.

특히 박사 학위 논문을 준비하고 있을 때 돌아가신 아버지에게는 늘 죄송한 마음이다. 물론 아버지가 나에게 박사 학위를 꼭 받아야 한다고 강요하신 것은 아니었지만 조금만 일찍 논문을 써서 학위를 받았더라면 아버지에게 학위 받은 모습을 보여 드렸을 텐데 하는 마음이 지금까지도 아쉬움으로 남아 있다. 더욱이 미국과 한국을 오가는 것이 쉽지 않던 시절이라 아버지 부음을 듣고도 가 보지 못해 장례식도 보지 못했으니 평생 잊을 수 없는 한으로 남는다.

그런데 자식은 늘 부모가 영원히 곁에 있을 것이라는 착각을 하는 모양이다. 임종은커녕 장례식에도 가 보지 못하고 아버지를 떠나보낸 것이 한으로 남는다고 말하면서도 언젠가 어머니가 미국 우리 집에 오셨는데 일이 바빠 함께 좋은 시간을 많이 보내지 못했다. 이 역시 어머니가 세상을 떠나고 난 지금 막급한 후회로 남는다.

맏딸인 내게 기대가 크시던 부모님은 늘 "네가 잘돼야 네 동생들도 잘될 수 있으니 매사 최선을 다해 열심히 살라"고 하셨다. 내가 미국 유학을 올 때도 아버지는 그 당부를 잊지 않으셨다.

그래서 그때는 내가 미국에서 공부를 열심히 하는 것이 가장 큰 효도라 생각했고, 내가 열심히 해서 내 동생들에게도 미국 유학의 길을 열어 주는 것이 맏이로서의 막중한 책임이라는 생각밖에 없었다. 하지만 그것만으로 부모 형제에 대한 도리를 다했다고 하기에는 턱없이 부족하다는 것을 지금은 알고 있다.

부모님이 조금만 더 내 곁에 계셨더라면, 형제자매들과 함께 공부하고 성장할 수 있는 시간이 조금 더 길었더라면, 내 동생들이 결혼을 하고 아이들을 낳고 키우는 모습을 가까이서 봤더라면 하는 후회가 여든 살이 넘은 지금까지도 남아 있다. 가장 가까운 사람에게 최선을 다해 베풀지 못하고 그들을 충분히 사랑하지 못한 후회는 그 무엇으로도 상쇄할 수 없는 모양이다.

결혼은 생애를 건 약속이다

우리나라도 갈수록 이혼율이 높아지고 있다. 심지어 황혼 이혼이라 하여 은퇴 이후의 남편과 이혼하고 재산 분할을 요구하는 아내도 많아지고 있다고 한다. 그런데 그 이혼의 이유가 참 어처구니없다. 생활의 차이 혹은 사고방식의 차이, 다시 말해 성격 차이가 대부분이란다. 이혼율 높기로 유명한 미국에서도 성격 차이로 이혼한다는 말을 그리 많이 들어 보지 못했는데 말이다.

실제로 성격 차이로 이혼했다는 한 여성을 만나 이야기를 나누어 보니 그렇게 편하고 좋을 수가 없다고 한다. 사람이 미우면 뒤통수도 밉고 발뒤꿈치까지도 밉다고 했던가. 너무

미워서 견딜 수 없던 남편과 갈라서고 나니 남편 옷을 세탁하지 않아도 되고, 남편을 위해 음식 장만을 하지 않아도 되고, 오로지 자기 자신만을 위해 살 수 있어 정말 행복하단다. 나는 문득 이 여성은 애초에 왜 남편과 결혼하기로 마음을 먹었는지가 궁금해졌다.

결혼은 타협이 아니다. 딱히 본받을 만한 점은 없지만 의사라서 한평생 돈 걱정 없이 살 수 있으니까, 인생의 목표는 나와 조금 다르지만 처가가 넉넉하니까, 생각의 차이는 어느 정도 있지만 안정적인 직업을 가진 사람이니까 하고 타협으로 하는 결혼은 결코 행복한 결말을 가져오지 못한다.

불같이 사랑하던 사람과 결혼을 해도 그 사랑이 식고 나면 후회가 밀려올 때가 있다. 내가 사랑한 사람이 과연 이 사람이었나 하는 의심도 들고, 콩깍지가 씌였구나 후회하기도 한다. 하물며 서로 나누고 본받을 만한 점도 없고, 인생의 목표나 생각도 다른 사람과 단지 몇 가지 조건 때문에 타협해서 한 결혼이 유지될 리 없다.

물론 결혼은 사랑하는 남녀 사이의 약속이다. 하지만 사랑보다 먼저 생각해야 할 것은 내가 이 사람을 얼마나 존중하고 믿을 수 있는가 하는 문제다. 사랑은 격한 감정의 변화이기 때문에 조금씩 식기도 하고 변하기도 한다.

'사랑에 빠져 연애할 때는 몰랐는데 결혼하고 보니 키가 너무 작더라', '눈매가 내가 딱 싫어하는 사람을 닮았더라' 말하는 사람들을 보게 된다. 사랑의 콩깍지라는 것이 정신분석학적으로도 입증되었다니 있을 수 있는 일이다. 세월이 흘러 눈에 씌운 사랑의 콩깍지가 벗겨지고 격한 감정도 수그러들고 난 다음에도 사랑하던 맨 처음 마음을 잊지 않고 살아갈 수 있도록 하는 힘은 바로 서로에 대한 존중과 믿음이다.

이 존중과 믿음 위에 함께할 수 있는 인생의 목표, 서로 지지하고 인정할 수 있는 가치관과 생각이 더해진다면 가장 성공적인 결혼 생활이 될 것이다.

서로를 완벽히 이해할 수는 없다

결혼은 타인끼리의 만남과 결합으로 이루어진다. 아무리 비슷한 점이 많고 큰 공감대를 형성하는 사람들이라 해도 부모가 다르고 살아온 환경과 배경이 다른 완전한 타인이 만났기에 모든 것이 일치할 수는 없다. 서로 잘 이해하고 배려하는 것 같다가도 내 마음 같지 않을 때가 있고, 이만큼 살을 맞대고 살았으면 알 때도 되었는데 영 내 마음을 몰라주니 섭섭할 때도 있다.

나와 내 남편도 마찬가지였다. 어찌 생각해 보면 당연한 일이지만 남편은 전형적인 한국 남성이었다. 집안일이라고는 해 본 적이 없는 사람이었기 때문에 육아와 가사와 학업을 병행하는 나를 도와줘야겠다는 생각은커녕 그게 얼마나 힘든 일인지에 대한 이해조차 없는 사람이었다. 내가 도움을 요청해도 제대로 하는 일이 없기도 했다. 청소를 좀 도와 달라고 하면 물건이 어지럽혀진 방을 어떻게 쓸고 닦는지 몰라 일만 벌이기 일쑤였다. 그저 빈 가장자리만이라도 쓸어 달라고 하다가 나중에는 아예 그것도 부탁하지 않았다.

남편은 또 늘 일을 벌이고 마무리는 내게 일임하는 스타일이었다. 대출을 받아 집을 사기로 결정하는 사람은 남편이었지만, 그 뒷일은 항상 내 몫이었다. 가부장적인 유교 사상으로 똘똘 뭉친 남자와 미국에서 산다는 것은 결코 쉬운 일이 아니었다.

하지만 이런 모든 문제는 우리 부부에게 아주 사소한 일에 불과했다. 내가 논문을 쓰고 있을 때 집안일을 거들어 주지는 못하지만 내 논문을 읽고 진심을 다해 격려하고 칭찬하며 사랑으로 포용해 주는 남편이었다.

나를 대신해 장을 봐 주거나 아이들을 돌봐 주지는 않지만 내 연구에 필요한 자료라고 하면 몇 날 며칠 밤을 새워서라도 찾아 주고 함께 생각해 주는 평생의 동반자였다. 그렇기 때문에 나는 어떤 순간에도 남편을 믿고 의지할 수 있었고,

나에 대한 남편의 마음 또한 그러했다.

우리 부부라고 부부 싸움을 하지 않은 것은 아니다. 여느 부부들처럼 신혼 초에는 싸우기도 많이 싸웠고, 서운하고 서글픈 마음에 눈물 바람을 한 적도 많다. 하지만 지금도 자신 있게 말할 수 있는 것은 단 한 번도 내 결혼을 후회해 본 적이 없다는 사실이다.

'절차탁마(切磋琢磨)'라는 말이 있다. 톱으로 자르고, 줄로 쓸고, 끌로 쪼고, 숫돌에 간다는 의미로, 주로 학문이나 덕을 쌓고 수행하는 과정을 일컫는 말이다. 나는 부부 관계에 대한 교훈으로 이보다 멋진 말이 없다고 생각한다. 서로 완벽하지 않은 두 사람이 만나서 수많은 시행착오를 겪으며 살아가는 동안 저절로 모난 서로를 다듬어 주는 것이다.

서로가 매끈해지기 위해서는 끊임없이 의사소통을 하고 이해하는 과정을 거쳐야 한다. 만약 서로 소통하지 못하고 그저 시간만 흘려 보내게 되면 결국 남는 것은 이별뿐이다. 오히려 서로 툭탁툭탁 다투고 화해하는 것이 관계에는 긍정적인 작용을 한다.

누군가 나에게 다시 태어나도 고광림 박사와 결혼하겠느냐고 묻는다면 내 대답은 '그렇다' 이다. 그 이유는 내 결혼관이자 우리 부부의 결혼관이던 '결혼은 생애를 건 약속이다'를 항상 가슴 깊이 새기고 있기 때문이다. 그리고 무엇보다 지난 38년을 함께해 보니 내 남편 고광림 박사는 역시 내가 생각한 최고의 이상형이었기 때문이다.

바라지 않으면 섭섭하지도 않다

 나이가 들수록 가족들에게는 너무 많은 것을 기대하지 않는 것이 좋다. 어릴 때는 매일같이 티격태격 주먹다짐을 하고 간식거리 하나를 두고 쟁탈전을 벌였어도 하룻밤 자고 나면 언제 그랬느냐는 듯 다시 웃고 떠들 수 있는 우애 깊은 형제였는데 자라고 나니 사소한 것에 마음 상해 서운해지더라는 사람들을 종종 보게 된다.
 자식들한테도 마찬가지다. 자식이 어릴 때는 무엇이든 다 해 주어도 아깝지가 않았는데, 크고 나니 저 혼자 큰 것인 양 나이 든 부모를 괄시하는 것 같아 괜히 노엽고 서운하다는 것이다.

자식이나 형제들에게 노엽고 서운한 마음을 갖는 그 시작은 애틋함인 경우가 많다. 이런 사람들에게 나는 조금은 냉정해질 것을 권한다.

서로에 대한 마음이 뜨겁게 불타오르는 것이 반드시 좋은 일만은 아니다. 그리고 늘 가까이에서 불타고 있다면 마음도 델 수밖에 없다.

서로에 대한 애틋한 마음도 조금은 차갑게 식힐 줄 알아야 하는데, 나이 든 사람일수록 그런 마음을 가지려고 노력하는 것이 필요하다.

때론 거리를 두는 것도 필요하다

나는 마음을 식히는 가장 좋은 방법은 상대에 대한 기대를 줄이는 것이다. 사람인 이상 기대를 한꺼번에 다 버리기란 어려운 일이라고 생각한다. 하지만 한 해 두 해 나이를 먹어 갈 때마다 한 가지씩 기대를 버리는 연습을 하다 보면 의외로 간단할 수 있다.

특히 혈연이 아닌 혼인으로 맺어진 가족 관계는 권리는 없고 의무만 남았다고 생각하는 것이 편하다. 며느리나 사위에게 시부모나 장인 장모는 무엇을 받을지에 대한 생각을 버리고 무엇을 해 줄까만 생각하는 것이 좋다.

물론 반대의 경우도 마찬가지다. '남의 집에서 온 식구는 절대로 원망하거나 비난하지 말라'는 것이 시아버지께서 늘 강조하시던 우리 집안의 불문율이었다.

우리나라 사람들은 며느리와의 관계에서 갈등을 많이 겪지만 미국 사람들은 사위와의 관계에서 그만큼의 갈등을 겪는다. 사위는 백년손님이라고 생각하는 우리나라 사람들로서는 좀처럼 이해하기 힘든 일이다.

그런데 며느리를 딸보다 편한 존재로 생각하는 우리나라 사람들과 달리 미국 사람들은 며느리는 단지 내 아들의 아내일 뿐이라고 생각하고 거리를 두는 경향이 짙다. 그래서 미국 시어머니들은 며느리의 살림에 일절 참견을 하지 않는다. 요즘 젊은 사람들 표현대로 참으로 쿨 한 시어머니가 아닐 수 없다.

이런 두 나라의 문화적 차이를 보며 내가 생각하는 것은 며느리와 사위에게 조금씩 거리를 두는 두 나라의 생각을 합치면 이 모든 갈등이 단번에 해소되지 않을까 하는 것이다.

나 역시 외국 사람을 가족으로 맞이할 때 고민이 많았다. 모든 생활 습관이 서구적인 여자와 결혼한 내 아들들이 김치며 된장찌개 같은 한국 음식을 평생 먹지 못하고 살 것을 생각하니 딱하기도 했다.

하지만 그것은 내 기우였다. 내 아들들은 이미 그런 문제로부터 자유로운 상태였고, 서로 다른 문화에 대한 불편을 감수한 것은 며느리들도 마찬가지였다는 사실을 곧 깨닫게 되었다.

정작 결혼을 해서 가정을 이룰 당사자들이 괜찮다는데, 내가 더 이상 관여할 일이 아니었다. 자식의 배우자감을 여러모로 살펴보고 심사숙고하는 이유는 결혼해서 잘 살아 주기 바라는 마음 이상도 이하도 아니다. 결국 우리 아이들은 자기가 선택한 배우자와 결혼을 했고, 지금껏 화목하게 잘 살고 있으니 그 선택은 옳았던 것이다.

딸처럼 아들처럼 베풀라

물론 나 역시 처음부터 완벽하게 관대한 시어머니는 아니었다. 특히 큰며느리 클라우디아가 결혼한 다음 처음으로 맞는 명절을 우리 집에서 보낼 수 없다고 했을 때는 이만저만 서운한 것이 아니었다. 하지만 외딸인 며느리가 명절 때마다 시집인 우리 집에서 지내야 한다고 생각하는 것은 사돈에게도 염치가 없는 일이며 지나친 욕심이라 생각하고 그 기대를 버리고 나니 한결 마음이 편해졌다.

큰아들 내외는 결혼 직후 한동안 우리 집에서 지냈는데, 그 무렵 며느리 클라우디아는 중요한 시험을 앞두고 있었다. 나는 첫 며느리를 본 기분에 약간 들떠 있기는 했지만 며느리가 결혼 때문에 중요한 시험을 망쳐서는 안 된다고 생각했다. 그래서 나는 클라우디아에게 집안일은 일절 신경 쓰지 말고 서재에서 시험 준비만 하라고 했다. 그리고 심지어는 며느리의 아침상을 봐서 직접 가져다주기까지 했다.

수십 년이 지난 지금까지도 며느리는 그 일을 잊지 않고 고마워한다. 그래서 내가 저희 집에서 지내게 될 때마다 그때 일을 이야기하며 아무것도 하지 못하게 한다.

우리는 너무 쉽게 딸 같은 며느리, 아들 같은 사위라는 말을 한다. 하지만 이 말을 딸같이 편하고 아들같이 만만하게 여기는 것이라고 생각하면 큰일이다. 딸처럼 아들처럼 사랑을 베풀어야 한다는 의미이기 때문이다. 지금 혹시 며느리나 사위에게 서운한 마음이 있다면 다시 한 번 생각해 보자. 며느리가 아니라 딸이었다면 내가 어떻게 했을까, 사위가 아니라 정말 아들이었는데도 내가 이런 일에 마음이 상했을까 하고 말이다.

우리 집안은 원래 크리스천이지만 며느리와 사위들에게 종교를 강요한 적이 없다. 그래서 우리 며느리들은 모두 가톨릭 신자들이다. 하지만 지금까지 한 번도 이것이 문제가 된 적이 없다. 한국에서는 같은 기독교 내에서도 수많은 종파가 있어 결혼 전에 어느 한쪽이 양보해 일치를 보지 않으면 반드시 갈등이 생긴다고 하는데, 우리 집에서는 도통 이해할 수 없는 일이다.

종교는 험난한 세상을 살아가는 데 있어 마음의 위안이 되고, 결정적인 순간에 가장 명료한 불빛이 되어 헤매지 않도록 도와주는 것이라고 생각한다. 기독교든 가톨릭이든 또 다른 어떤 종교든 그것이 인간들에게 제시하는 길은 결국 베풀고 양보하고 사랑하라는 것으로 통한다. 가장 많이 베풀고 양보하고 사랑하고 살아야 할 가족 간에 종교의 차이가 무슨 대수란 말인가.

함께하는 것보다
소통하는 것이 더 중요하다

　종교의 자유만큼이나 우리 가족들에게 자유로운 것이 바로 만남이다. 워낙 대가족인 데다 사방에 흩어져 살며 바쁘게 일하고 있기 때문에 사실 온 가족이 한자리에 모인다는 것은 좀처럼 상상할 수 없는 일이다. 명절이나 내 생일, 남편의 기일에도 몇몇은 불참하기 일쑤고, 몇 해 동안 식사 한 끼 함께하기 힘든 아이들도 있다.
　하지만 늘 소통하고 있는 우리 가족은 언제나 함께하고 있다는 느낌이다. 오바마 행정부의 보건부 차관보로 일하며 바쁜 일상을 보내는 큰아들 경주는 일주일에 한 번씩 빼놓지 않고 전화를 한다. 일과 시간 중에는 짬을 내기 어렵기 때문에 아침 업무가 시작되기 전에 전화로 안부를 묻는 것이다.

나 역시 바쁜 아들의 스케줄을 고려해 얼마 전 아들의 생일에는 전화로 생일 축하 노래를 불러 주었다. 직접 만나지는 못해도 잊지 않고 기억하고 있다가 작은 선물을 보내 주는 것만으로도 아이들은 기뻐한다.

마주 보는 것 이상의 의미, 소통

이제 전 세계 어디서나 전화나 이메일로 실시간 소통할 수 있는 시대다. 그래서 어떤 때는 아이들은 물론 며느리와 사위, 손자 손녀들에게까지 단체 메일을 보내 내 근황을 알리기도 한다. 한창 바쁘게 일하는 아이들에게는 전화 통화도 부담스러울 수 있을 것이라는 작은 배려에서다. 어렵기만 한 관계인 사돈들에게도 이메일로는 부담 없이 안부를 전할 수 있어 이 방법을 나는 즐겨 사용한다.

내 근황을 알리기도 하지만 다른 아이들 소식을 내가 전해 주기도 하고, 어떤 때는 잔소리에 가까운 당부도 이메일로 한다. 또 흥미롭게 본 기삿거리나 정보를 함께 보내 주기도 하는데, 내 손자 손녀들은 내가 보낸 단체 메일을 '할머니의 뉴스레터'라며 재미있게 본다고 한다.

내가 메일을 보내면 즉각 답장을 하는 아이들도 있고, 답장을 할 만한 이슈가 없을 때는 그냥 받기만 하는 아이들도 있다. 셋째 아들 홍주처럼 자주 이메일을 보내는 아이가 있는가 하면, 이메일보다는 전화를 선호하는 아이도 있다. 각자 하는 일과 라이프 스타일, 성격이 다르다 보니 드러나는 현상이지만 어떤 방식으로든 우리 가족은 늘 소통하고 있다.

소통한다는 것은 마주 보는 것 이상의 의미를 가진다. 특히 서로가 하는 일에 대해서도 어느 정도 소통하고 있지 않으면 안 된다. 워낙 전문 분야가 많고 세분화되어 있기 때문에 아무리 가족이라 하더라도 내 분야와 상관이 없는 일을 이해하기란 쉽지 않다.

내가 두고두고 사위에게 미안한 일이 하나 있다. 아주 오래전, 딸과 함께 집에 온 사위가 어쩐지 안절부절못하면서 불편한 기색이 역력해 보였다. 식사 시간에 별 대화도 하지 않고, 초조한 듯 시계만 보다가 일어서는 것이었다.

나는 오랜만에 집에 온 딸 내외가 하룻밤 자고 갈 줄 알고 은근히 기대하고 있었는데, 급히 일어서는 것을 보니 서운했다. 역시 사위가 처가에 오래 머무는 것을 불편해하는구나 하는 생각에 야속하기까지 했다.

그런데 나중에 알고 보니 당시 사위는 MIT에서 연구 프로젝트를 진행하고 있었는데, 그 프로젝트에 사용하는 기계가 절대로 멈추면 안 되는 것이라 장시간 자리를 비울 수 없는 상황이었다. 기계를 한번 멈추게 되면 재가동을 위해서 꼬박 하루를 다시 기다려야 했다는 것이다. 나는 나중에야 그 사실을 알게 되었는데, 그런 상황에서도 나를 찾아와 저녁 식사를 함께해 준 사위에게 고맙고도 미안했다.

내가 하는 일에 대해 가족들이 이해하고 지지해 주는 것만큼 마음 든든하고 자신감 넘치는 일도 없다. 같은 길을 걸으면서 서로 끌어 주고 밀어 주며 시너지 효과를 내는 것도 좋겠지만, 전혀 관련 없는 다른 일이어도 상관없다.

서로가 이해하고 있다는 것만으로도 큰 힘이 되고, 또 때론 전혀 상관없는 듯 보이는 두 분야의 사람들이 엉뚱한 시너지 효과를 내기도 하니까 말이다. 학자로서 서로의 분야를 인정하고 이해하며 평생을 함께해 온 남편이 있었기에 오늘의 내가 있다는 사실을 누구보다 잘 알고 있는 내가 몸소 경험한 진리다.

사랑하는 사람과의
시간은 영원하지 않다

　사랑하는 사람과 언제까지나 함께하는 것은 불가능하다. 남편의 병이 점점 악화되고 임종이 다가올 즈음 나는 남편에게 늘 좋은 말만 해 주었다. 당신과 혼인을 하게 되어 더없이 행복했다고, 기억에 남는 행복한 때가 많았다고, 즐거운 일이 참 많았노라고 지나간 추억을 이야기하며 소중한 하루하루를 보냈다.

　남편은 내 인생의 대부분을 차지한 사람이었다. 열아홉 살에 부모님 곁을 떠나 미국 생활을 하다 남편을 만났으니 부모님보다 남편과 함께한 시간이 훨씬 긴 셈이다. 남편의 병세가 악화되어 언제라도 훌쩍 떠나 버릴 것 같다는 생각이

들기 시작하자 남편과의 시간이 더욱 소중하게 느껴졌다.

　많은 부부가 서로에 대한 불만을 자주 이야기한다. 하지만 정작 서로에 대한 사랑, 만족감, 칭찬을 해 주는 것은 열없게 생각한다. 그러나 사랑하는 사람과 함께할 수 있는 시간은 영원하지 않다. 좋은 시간은 마치 화살처럼 빨리 지나가게 마련이고 헤어짐의 순간은 반드시 오기 때문에 배우자와 함께하는 시간은 늘 소중히 여겨야 한다.

　인생은 짧다고 하지만 또 한편으로는 길기도 하다. 나 역시 남편이 세상을 떠나고 이제 혼자 지내야 한다고 생각하니 남은 삶이 더없이 길게만 느껴졌다. 홀로 남겨진 외로움이란 그만큼 큰 것이다.

　나는 사실 단 한 번도 남편 없는 삶을 생각해 본 적이 없다. 그만큼 남편은 내 삶의 큰 자리를 차지하던 사람이었다. 병석에 있는 남편에게 당신이 있어서 내가 이렇게 편하게 살 수 있었다, 당신 덕분에 세 끼 먹는 것도 아무 걱정이 없었다 등등 당신 덕분이라는 말을 의식적으로 자주 해 주었다.

　남편도 나의 이런 말에 내심 고마워하는 것 같았다. 그는 수다스러운 사람은 아니었지만 병석에서도 나에게 이런저런 이야기를 많이 들려주었다. 나의 말에 보답이라도 하듯 남편은 나와 함께해서 행복하고 기쁘던 순간에 대한 이야기를 해 주었다. 내가 있었기에 아이들을 잘 키울 수 있었고, 당시에는 어려운 일이 많았지만 내가 있어 극복할 수 있었다고 이야기해 주었다. 또 내가 자신보다 더 많이 노력하는 사람이라고 극찬의 말도 아낌없이 해 주었다.

그래서였는지 막상 남편이 세상을 떠나고 나자 그 상실감은 이루 말로 다할 수가 없었다. 내 인생 처음으로 패닉 상태가 왔다. 모든 일을 계획하고 그 계획대로 실천하면서도 끊임없이 점검하고 확인하던 사람이 아무 일도 할 수 없는 무기력한 상태에 빠졌다.

생과 사의 섭리란

남편이 1982년 뇌졸중에 걸렸을 때부터 마음 준비를 했지만 막상 남편이 세상을 떠나자 충격이 컸다. 장례식에서는 울음조차 제대로 나오지 않았다. 슬픔 그 이상의 것이 나를 무겁게 짓눌렀기 때문이다. 사람이 태어나 한 생을 살고 가는 것은 너무나 당연한 일인데도 사랑하는 사람의 죽음만큼은 받아들이기가 힘들었다.

하지만 남편의 장례식을 치르면서 조금씩 마음을 다잡을 수 있었다. 많은 사람이 남편의 죽음을 애도해 주었고, 남편의 삶과 공로를 인정해 주었다. 그런 모습을 보고 나니 비로소 남편의 일생이 나뿐만 아니라 다른 사람들에게도 많은 의미가 있었다는 것을 깨닫게 되었고, 그 사실에 위로받고 안심할 수 있었다.

고광림 박사는 나의 남편으로서, 그리고 아이들의 아버지로서, 또 훌륭한 학자로서 보람 있는 인생을 보내고 간 것이라는 생각도 들었고, 남편에게 더 이상 큰 고통을 주지 않고 고요히 생을 거두어 가신 하나님께도 감사할 수 있었다.

생과 사는 신이 정한 섭리이지 인간이 어떻게 할 수 있는 일이 아니다. 다만 남편이 살아 있는 동안 내가 배우자로서 해 줄 수 있는 일을 모두 해 주었다고 생각되어 후회는 남지 않았다.

예전 일을 추억해 보니 남편과 함께한 시간이 얼마나 좋았는지 새삼 느낄 수 있었다. 종종 함께 여행을 다닌 일도 생각이 났다. 남편과 나는 관광 취향이 달라도 너무 달랐다. 한곳에 오래 머물며 진득하게 구경하고 싶어 하는 나와는 달리, 자신이 정한 일정에 맞춰 바삐 돌아다니기를 원하던 남편. 내가 좋아하는 박물관 구경이 남편에게는 그리 즐거운 일이 아니었던 모양이다.

내가 박물관이나 미술관에 반드시 들르기를 고집하는 것처럼 남편도 여행을 할 때 반드시 들러야만 하는 곳이 있었다. 그 역시 학자라는 업은 숨길 수 없었는지 늘 역사적으로 의미가 있는 곳을 찾았다. 특히 애국지사들의 묘지나 역사학적으로 의미가 있는 묘지를 찾는 것을 굉장히 흥미로워했다. 나 역시 박물관이나 미술관보다도 묘지에 큰 관심을 갖는 남편이 그때는 좀 이해가 안 됐지만 지금 생각해 보면 그런 것도 남편과 나의 특별한 추억으로 남는다.

이렇게 취향은 서로 달랐지만 함께한다는 것 자체만으로도 너무나 행복하고 즐겁던 여행의 추억이다. 남편의 고집 때문에 처음 가는 곳이면서도 길도 묻지 않고 주먹구구식으로 찾아가는 바람에 고생을 하기도 했지만 지금 생각해 보면 이것도 행복한 기억이다.

내 생애를 걸고 사랑하던 남편을 먼저 떠나보낸 다음부터 나는 사랑하는 사람에게는 아무것도 바라지 않는다. 사랑하는 사람, 소중한 사람들을 그저 1년에 한 번만이라도 만날 수 있다면 그것만으로도 기쁘고 감사하다.

인생이라는 긴 여행에서 우리는 많은 사람을 만나고 헤어진다. 하지만 그 사람과 함께한 순간 최선을 다하고 그 기억을 소중히 여길 수 있다면 그것으로도 충분히 행복한 것이다. 평생을 함께하기로 약속한 사람이라면 그 사람과 함께하는 시간에 늘 감사하고 행복해할 줄 알아야 한다. 그래야 언젠가 찾아올 헤어짐의 순간에 후회가 덜할 수 있다.

인생을 나눌 수 있는
친구를 만들어라

영어에 '실버라인(Silverline)'이라는 단어가 있다. '어떤 비관적인 상황에서 낙관적인 희망을 발견한다'는 뜻을 가진 동사다.

아주 오래전에 아들 동주가 연구비 신청서를 낸 일이 있다. 그런데 보기 좋게 거절당하고, 자신보다 훨씬 역량이 부족한 동료가 연구비를 받게 되었다며 속상해했다. 그래서 나는 그 사람을 직접 만나서 다시 한 번 연구비 신청 경위를 설명해 보는 것이 어떻겠느냐고 말했다. "이것이 그 사람과의 새로운 시작일 수도 있다. 그 사람이 너의 열의를 무시한 게 아니라 신청서만으로는 그 진정성을 알지 못해 그랬을 것이다"라는 말도 해 주었다.

한참을 고민하던 동주는 용기를 내 보스턴으로 그 사람을 찾아갔다. 그리고 마침내 연구비를 받게 되었다. 어쩌면 평생 원망의 대상으로 남았을지 모르는 악연에서 잊을 수 없는 인연이 된 것이다.

인생을 나눌 수 있는 친구를 얻기 위해서

사람 관계가 늘 그런 것은 아니지만 진심은 언젠가 반드시 통한다는 것이 내 생각이다. 그리고 언제든 내 진심을 알아주는 사람과는 인생을 나누는 친구가 되어야 한다는 것도 나의 철칙이다.

친구가 되기 위해서는 무엇보다 서로의 마음을 감싸 안을 준비가 되어 있어야 한다. 상대방의 마음을 헤아리고 감싸 안으면 이해할 수 없는 상황이란 없으며, 그것만으로도 서로에게 큰 위로가 된다.

사람들은 외롭다는 말을 입에 달고 살다시피 한다. 이 세상에 올 때도 혼자이고, 이 세상을 떠날 때도 결국 혼자이니 인생은 근본적으로 외로운 것인지도 모르겠다. 안 그래도 외로운 인생인데 스스로를 더 외롭게 고립시키는 것 또한 우리 자신이다.

서로의 마음을 감싸 안으며 이해하고 위로하면서 살아도 외로운데 우리는 이해하기보다는 비난하는 것을 더 즐긴다. 나와 같은 생각을 반기기보다는 나와 다른 생각을 꼬집느라 여념이 없다.

왜 그럴까? 얼굴 생김새 하나하나가 모두 다르게 생긴 것처럼 생각이 다르고 취향이 다른 것은 어쩌면 당연한 일인데 왜 단지 다르다는 이유만으로 적대시해야 할까?

젊을 때는 주변에 늘 사람이 많다. 바쁘고 활발하게 활동하는 만큼 만나는 사람도 다양하고 많다. 그래서 사람이, 친구가 얼마나 소중한지 잘 모르고 지내곤 한다. 나와 생각이 맞지 않는 사람, 사사건건 갈등을 일으키는 사람, 나를 힘들게 하는 사람이라면 몇 명쯤 만나지 않고 지낸다 해도 크게 아쉬울 게 없다는 생각도 든다.

하지만 나이가 들면 상황이 달라진다. 이런저런 이유로 멀어진 친구들 소식은 알 길이 없고, 그나마 가까이 지내던 친구들도 하나 둘 세상을 떠나기 시작한다. '나도 왕년에는 친구가 많은 사람이었는데 어쩌다 보니 이렇게 혼자가 되었다'며 넋두리를 하는 사람이 많은 이유다.

오랜 친구보다 좋은 것은 없지만 더 늦기 전에 지금이라도 인생을 나눌 수 있는 친구를 만들 수 있다면 그 역시 좋은 일이다. 그리고 진정 인생을 나눌 수 있는 친구를 만들기 원한다면 마음을 열어야 한다. 내 마음을 활짝 열어야만 상대방의 마음을 감싸 안을 수 있기 때문이다.

휘트니 센터에는 입주해 사는 사람이라면 누구나 자유롭게 이용할 수 있는 레스토랑이 있다. 자기 아파트에서 스스로 식사를 만들어 먹을 수 있는 사람들도 있지만 누구든 원하면 언제든 레스토랑에서 다른 입주자들과 식사를 할 수 있다.

레스토랑에서 식사를 할 때마다 항상 자신보다 나이가 많은 사람과 같은 테이블에서 식사를 하는 이웃이 있었다. 특히 몸이 불편한 사람이 식사를 하러 들어오면 슬그머니 그의 곁으로 다가가 함께 식사를 하곤 했는데, 알고 보니 자기보다 나이가 많거나 움직임이 불편한 사람 주변에서 식사 시중을 들어 주기 위해서라고 했다.

친구는 가려 사귀어야 한다고들 한다. 하지만 이것은 어린 시절 얘기다. 철모르던 시절에는 자칫 친구에게 나쁜 영향을 받을 수도 있기 때문에 되도록 나와 비슷하거나 나보다 나은 사람을 친구로 두는 것이 좋다.

하지만 나이가 들면 본받을 만한 점이 많은 사람과도 친구가 될 수 있어야 하고, 부족한 사람과도 친구가 될 수 있어야 한다. 나와 생각이 다른 사람과도 친구가 될 수 있어야 함은 물론이다.

나이 든 사람의 가장 큰 미덕은 우주도 안을 만한 포용력이기 때문이다.

과거의 향수에
연연하지 말라

　인생을 함께 나눌 진정한 친구를 얻고자 할 때는 반드시 버려야 할 것이 있다. 그것은 다름 아닌 '나는 과거에 이런 사람이었다' 혹은 '한때 이러저러한 일을 한 사람이다'라며 과시하고 인정받고 싶은 마음과 '나는 죽어도 이것만큼은 양보 못한다'라는 아집이다.
　각양각색으로 피어난 꽃은 그 향기마저도 다양하고 좋다. 하지만 그토록 찬란하게 피어난 꽃도 절정의 순간을 지나 지기 시작할 때는 똑같이 초라한 모습을 하게 된다. 사람은 만물의 영장이니 꽃처럼 한순간에 시들어 자취도 없이 사라지지는 않지만 나이가 들수록 젊은 시절에 비해 작아지고 초라

해지는 것은 사실이다. 그래서 나이 든 사람들이 더 과거의 영광에 연연하게 되는 것인지도 모른다. 하지만 젊고 화려하던 시절을 단순히 추억하는 것을 지나 과거의 향수에서 벗어나지 못하는 모습은 결코 바람직하지 못하다.

휘트니 센터에서 만난 내 이웃들 중에도 젊었을 때는 꽤나 이름을 알린 사람이 많다. 유명한 학자나 대학 교수 출신도 있고, 정치가도 있다. 하지만 그들은 과거에 자신이 무엇을 했는지와 전혀 상관없이 지금 무엇을 할 것인가에 더 골몰한다. 함께 이야기를 나누거나 어떤 일을 도모할 때도 자신의 화려한 전력을 과시하지 않는다.

그들의 화제는 항상 지금 당장 무엇이 필요한지, 무엇을 하고 있는지 혹은 무엇을 할지, 그리고 어떤 생각을 하고 있는지에 대한 것이다. 그리고 그런 현재 진행형의 대화 속에서 서로에게 긍정적인 영향을 주고받는다. 내가 휘트니 센터에서 본 가장 아름다운 풍경이다.

과거가 아닌 현재를 바라보라

사람들이 가장 많이 하는 말 중 하나가 바로 '내가 예전에'라는 말이라고 한다. 나이가 들수록 이런 말을 더 자주 한다.

끊임없이 앞을 보고 미래를 향해 달려 나가도 원하는 만큼 발전할 수 있을까 말까 한데 왜 자꾸 뒤를 돌아보고 있는 것일까? 오래 산 만큼 추억할 일이 많기 때문만은 아닐 것이다. 골치 아픈 현실이나 불확실한 미래보다는 이미 다 지난 일이 되어 버린 과거를 이야기하는 것이 훨씬 마음 편하기 때문이다.

하지만 과거는 과거일 뿐이다. 과거가 아무리 소중하다 한들 현재 이 순간만큼은 아니다. 과거에 이룬 일의 성과가 아무리 위대하다 한들 앞으로 해 나갈 일만큼 그 의미가 크지는 않다. 과거에 연연하는 사람들 대부분이 가진 특징 중 하나는 비판적인 사고를 즐겨 한다는 것이다. 확실한 대안과 문제 해결 방안을 제시하는 건전한 비판을 통해 긍정적 변화와 발전의 견인차 역할을 하는 사람도 있다.

하지만 매사 비판하기 위해 비판하는 듯한 사람들도 있다. 이들은 자기 나름의 날카로운 시선과 비판 의식에 대단한 자부심을 갖는다. 남보다 앞서 문제의식을 갖고 그것을 제시하는 비판적인 태도가 처음에는 흥미롭기도 하다. 그러나 그런 일이 끊임없이 반복되면 종국에는 사람들이 그를 멀리하게 된다. 시종일관 그렇게 비판적 태도를 보이는 사람에게서는 부정적인 기운을 느끼게 되고, 부정적인 기운은 사람을 쉬지치게 하기 때문이다. 그런데 부정적인 기운은 긍정적인 기운보다 파급 효과가 크다. 그래서 원하지 않는데도 자연스레 전염이 되는 경우가 많다.

사람들이 가장 활기찬 모습을 보일 때

물론 과거의 이야기를 통해 얻을 수 있는 것도 많다. 특히 휘트니 센터에서는 세계 역사의 산증인을 만나는 경이로운 경험을 할 수 있다. 제2차 세계 대전 당시 나치가 행한 대학살에서 살아남은 유대인 이웃을 만나 홀로코스트의 잔인함을 생생하게 전해 듣기도 하고, 책으로만 보던 여러 역사적 배경을 몸소 체험한 이웃들의 살아온 이야기를 들으며 그것이 어떤 문화적 특성을 만드는지에 대해서도 새삼 생각할 수 있는 기회를 얻기도 한다.

그러나 역시 그들이 가장 활기찬 모습을 보일 때는 오늘 무슨 일을 했는지, 그리고 내일 어떤 일을 할지에 대한 계획을 이야기할 때다.

아무리 나이가 들어도 생각은 늘 현재형으로, 그리고 행동은 늘 미래를 위한 미래형으로 해야 한다는 것을 다시 한 번 일깨워 주는 내 소중한 이웃들이다.

Chapter Three

나와 사랑하는 이들을 위한
가장 큰 선물, 건강

돈을 잃는 것은 조금 잃는 것이고,
명예를 잃는 것은 많이 잃는 것이지만, 건강을 잃는 것은
전부를 잃는 것이라는 말의 의미가 새삼 크게 다가오던 시절이었다.
대학원생 시절 헝가리에서 온 한 사회학 교수가
'초의 양끝에 동시에 불을 붙일 수는 없다'는 말을 한 적이 있다.
몸을 혹사하다시피 하면서 연구에 매진하고 있던 나에게
쉬엄쉬엄 몸도 돌봐 가며 하라고 해주었던 말이다.

소중한 사람을 위한
가장 큰 선물

　나이 든 사람이 자기 몸을 아끼고 건강을 챙기는 것을 보면 삶에 대한 애착이 강해서 그런다고 생각하기 쉽다. 나 역시 젊은 시절에는 아무렇지도 않게 그런 생각을 한 것 같다. 물론 자기 삶에 애착이 없는 사람은 아무도 없을 것이다. 오죽하면 눈을 감고 교수대 위로 올라가던 사형수가 발을 헛디뎌 넘어질 뻔하자 두 눈을 번쩍 뜨더니 '어이쿠! 죽을 뻔했네!'라고 했다는 우스갯소리까지 있겠는가.
　하지만 젊은 사람이든 나이가 든 사람이든 건강은 자신의 축복이기 이전에 주변의 모든 소중한 사람을 위한 가장 큰 선물이다.

뇌졸중으로 쓰러진 남편을 간호하는 7년여 동안 나는 이 사실을 절실히 깨달았다. 평생 일과 연구밖에 모르던 남편은 자신의 몸에 무심한 사람이었다. 나도 마찬가지였지만 남편은 긴 유학 생활 동안 하숙을 하거나 기숙사에서 생활했기 때문에 마음을 담아 정성스럽게 만든 음식을 거의 먹어 보지 못했다. 그래서인지 결혼 직후에는 내가 어떤 음식을 해 주든 "세상에 어떻게 이렇게 맛있는 음식이 있느냐"며 감탄을 하곤 했다. 그 덕에 나는 음식 솜씨가 뛰어난 아내가 되었다.

정말로 그렇게 세상에 둘도 없이 맛있는 음식을 척척 만들어 낼 만큼 내 음식 솜씨가 뛰어났던 것은 아니지만 가정을 꾸린 다음에야 비로소 남편은 마음과 정성을 담아 만든 음식을 먹게 된 것이다. 하지만 일과 학문에 몰입해 자기 몸을 돌보는 데는 여전히 소홀하던 남편에게 결국 병마가 찾아왔다. 젊었을 때는 젊음과 혈기로 다소 무리를 해도 다시 거뜬히 일어날 수 있었지만 나이가 들자 몸이 신호를 보낸 것이다.

상태는 점점 악화되었고, 여러 가지 합병증까지 생겼다. 그동안 잘 참고 견뎌 주던 몸 이곳저곳에서 한꺼번에 신호를 보내기 시작한 것이다. 매일 다른 병원과 다른 의사를 찾아야 할 만큼 상황은 점점 나빠졌다. 남편도 남편이지만 옆에서 간호를 하는 나도 지치기 시작했다.

집에 환자가 있으면 제일 먼저 식단에 변화가 생긴다. 남편의 몸에 이롭지 않은 음식은 무조건 멀리할 수밖에 없었는데, 그것이 쉽지 않았다. 환자인 남편도 좋지 않다는 것을 뻔히 알면서도 평생을 즐겨 온 음식을 하루아침에 딱 끊어 버린다는 것이 힘들었는지 어떤 때는 화를 내기까지 했다. 특히 뇌졸중에는 발효 음식이 좋지 않다고 해서 간장, 된장, 김치는 아예 집 안에 들여놓지도 않았다. 남편이 평생을 즐기던 와인도 금해야 했다.

병을 악화시킨다는데 시키지 않아도 당연히 그렇게 해야 하는 것 아니냐고 쉽게 말하지만 평생에 걸쳐 익숙해진 생활 습관을 하루아침에 바꾼다는 것은 생각처럼 간단한 일이 아니다. 그리고 아무렇지도 않게 늘 해 오던 익숙해진 일을 할 수 없을 때마다 환자의 존재를 새삼 생각해야 하고, 그때마다 서글픈 마음과 근심에 빠지는 것도 견디기 힘들었다.

이러다가는 나도 남편을 따라 몸져눕겠다는 생각이 든 것도 한두 번이 아니었다. 하지만 나까지 무너지면 아이들이 얼마나 더 힘들어질까 하는 생각에 다시 마음을 다잡을 수밖에 없었다.

돈을 잃는 것은 조금 잃는 것이고, 명예를 잃는 것은 많이 잃는 것이지만, 건강을 잃는 것은 전부를 잃는 것이라는 말의 의미가 새삼 크게 다가오던 시절이었다.

남편의 투병과 죽음으로 나는 건강이 그 무엇보다 소중하다는 것을 새삼 깊이 깨달았다. 하지만 이내 일에 몰두하다 보니 건강을 챙기는 것을 다시 소홀히 하게 되었다. 자정을 넘겨 잠자리에 들었다가 새벽 일찍 일어나 일을 시작하기 일쑤였고, 체중 관리에도 소홀해졌다. 부쩍 몸이 무겁게 느껴지더니 드디어 내 몸도 신호를 보내오기 시작했다. 부정맥 증상이 심해져 병원에 입원하게 된 것이다.

그러자 이번에는 아이들이 초비상이 되었다. 바빠서 좀처럼 얼굴을 보기 힘들던 홍주가 새벽 6시에 병원을 찾아오고, 다른 아이들도 어떻게든 짬을 내 나와 의사를 만나고 돌아갔다. 그리고 그 바쁜 와중에 내 치료에 대한 의논을 하기 위해 시간을 내고 연락을 하곤 했다.

처음에는 별것도 아닌데 워낙 효심이 깊은 아이들이라 부산을 떤다고 생각했지만 차츰 미안한 생각이 들었다. 내가 내 몸을 돌보지 않아 바쁘게 일할 아이들을 힘들게 하는구나 싶은 마음에 이젠 절대 아프지 말아야겠다는 생각을 하게 되었다.

내가 휘트니 센터로 옮겨 와 살게 된 후로 가장 좋은 점은 스스로 내 몸을 관리할 수 있게 되었다는 것이다. 매주 두세 번씩 아쿠아로빅으로 근육을 단련시키고, 매일 가벼운 산책을 한다. 이웃이 모두 나와 비슷한 연령대이다 보니 건강에 대한 정보도 서로 교환할 수 있고, 조언을 해 주는 사람도 많으며, 의논 상대가 되어 주는 사람도 많아 더욱 건강에 신경을 쓸 수 있다.

무엇보다 우선하는 '건강'

예전 같으면 새로운 프로젝트가 생기거나 몰입할 만한 이슈가 생기면 슬그머니 건강의 소중함을 잊고 다시 소홀해질 텐데, 함께하는 이웃이 있으니 지속적으로 관리하고 신경을 쓸 수 있다. 그 어떤 강제보다 강제가 잘된다. 그래서 공동체의 힘이 위대한 모양이다.

이제 나는 내 몸과 건강을 무엇보다 우선적으로 생각한다. 대학원생 시절 헝가리에서 온 한 사회학 교수가 '초의 양 끝에 동시에 불을 붙일 수는 없다'는 말을 한 적이 있다. 몸을 혹사하다시피 하면서 연구에 매진하고 있던 나에게 쉬엄쉬엄 몸도 돌봐 가며 하라고 해 주었던 말이다.

한창 젊어서 건강은 타고났다고 자신하던 시절이라 걱정해 주는 마음만 고맙게 생각하고 귀담아듣지 않았던 말이다. 하지만 이제는 내가 후배들에게 똑같은 말을 하고 있다.

더 멀리 가기 위해
반드시 쉬어야 한다

공부하랴, 연구하랴, 아이들 돌보랴, 집안일 하랴 몸이 열 개라도 부족하던 시절이 있었다. 해야 할 일은 산더미 같은데 늘 시간이 모자라 종종걸음을 쳐야 했다. 집안일은 대부분 짧은 시간 안에 효율적으로 해내기 위한 나름의 방도를 고안해 처리했지만 어쩔 수 없이 시간이 걸리는 일도 많았다. 특히 공부는 아무리 효율적으로 한다고 해도 시간이 태부족이었다. 잠자는 시간이라도 줄이는 수밖에 달리 방법이 없었다. 그 시절에는 그게 당연하다고 생각했고, 그렇게라도 시간을 낼 수 있다는 사실이 감사할 따름이었다.

그런 생활이 몸에 배다 보니 지금도 한창 연구에 몰입하다 보면 잠자리에 들 시간을 넘기고 밤을 새기 일쑤다. 하던 일을 멈추고 억지로 잠자리에 들면 머릿속에 해야 할 일이 맴돌아 숙면을 취하는 것도 쉽지가 않다.

젊은 시절부터 그렇게 잠을 줄이며 일을 하다가는 몸이 오래 버텨 주지 못할 것이라 염려하고 충고하는 지인이 많았다. 나도 모르는 바는 아니었지만 그때로서는 달리 방법이 없기도 했다.

그런데 몇 년 전부터는 건강 검진에서조차 잠이 부족해 몸이 많이 지쳐 있다는 결과가 나오곤 했다. 그래서 요즘은 의도적으로 낮잠을 자려고 노력한다.

나는 어린 시절부터 낮잠은 게으른 사람들의 나쁜 버릇이라고 생각해 왔다. 평생 낮잠을 모르고 사신 우리 어머니의 영향 때문이었다. 나는 어머니께서 낮에 자리에 누워 계신 것을 본 일이 없다. 어머니에게 있어 낮잠은 산고(産苦) 중에 출산이 임박했을 때, 몹시 고단하고 지쳐서 잠시 눈을 붙인 것이 전부였다.

그런데 얼마 전 건강 관련 책자를 보다가 충분한 수면이 일의 능률을 더욱 올려 준다는 내용의 글을 읽게 되었다. 특히 규칙적으로 짧은 시간 낮잠을 자는 사람은 오후 시간을 훨씬 더 활기차게 보낼 수 있다는 것이었다.

밤잠 잘 시간도 아깝던 시절, 낮잠은 나에게 사치 중의 사치였다. 전날 밤을 꼬박 새우고 아무리 고단해도 밤까지 자리에 눕지 않고 버텼다. 낮에 잠시 눈을 붙일 만큼의 여유가 생긴 다음에도 그 습성은 고쳐지지 않았다. 하지만 나는 이제 낮잠에 대한 죄책감을 과감히 버렸다. 바쁜 일정 속에서도 머릿속이 복잡하거나 일이 잘 풀리지 않아 피로를 느끼면 잠시 일을 덮어 두고 낮잠을 청하기까지 한다. 그렇게 달게 한숨 자고 일어나면 머리도 한결 가벼워지고 몸도 가뿐해지는 것을 느낀다.

잠시 모든 것을 덮어 두는 시간

몇 년 전까지만 해도 한국에 갈 일이 생기면 입국하는 날부터 출국하는 날까지 빈틈없이 빡빡한 일정을 만들어 가곤 했다. 심하게는 가족들과도 함께할 시간을 낼 수조차 없을 때도 종종 있었다. 가족들은 잠깐이라도 얼굴을 보기 위해 공항이나 호텔 로비에 와서 나를 기다리기도 했다. 최대한 많은 일을 처리하고 그저 병만 들지 않고 미국으로 돌아가자는 게 내 생각이었다.

하지만 작년부터는 생각이 달라졌다. 출장 일정도 넉넉하게 잡고, 입국 후 사흘 동안은 무조건 쉬기로 했다. 여독을

풀면서 가족들과 여유로운 시간도 보내고 한국에서 해야 할 일을 다시 한 번 정리하는 시간으로 삼았다. 난생처음 있는 일이었다. 그런데 그렇게 해 보니 훨씬 더 효율적으로 일을 처리할 수 있다는 것을 알게 되었다.

예전에는 일을 하기에도 시간이 빠듯한데 쉴 시간이 어디 있느냐고 생각했다. 그렇게 쉬지 않고 달려도 저만큼 앞서 있는 선진국을 따를 수가 없었다. 오랜 식민지 생활로, 전쟁으로 세계의 흐름에 여러 발짝 뒤처진 비운의 국가 국민이었기에 피할 수 없는 서글픈 운명이라고 생각했다.

나와 비슷한 연령대의 사람들이라면 미국에서든 한국에서든 거의 대부분 비슷한 시절을 보냈을 것이다. 그리고 그렇게 쉬지 않고 앞만 보고 열심히 달려온 세대들이 있었기에 오늘날과 같은 발전된 대한민국도 존재하는 것이라는 자부심도 갖는다.

하지만 이제는 일을 더 잘하기 위해서, 더 멀리 나아가기 위해서 반드시 쉬어야 한다는 사실을 안다. 생전 자지 않던 낮잠을 청하면서 나는 아직 할 일이 많기 때문에, 그 일을 더 잘하기 위해서 지금은 잠시 눈을 붙여 두는 시간이라고 생각한다.

생각이 잘 정리되지 않을 때, 몸이 찌뿌드드해 집중이 되지 않을 때 나는 잠시 모든 것을 덮어 두고 산책을 나간다.

그러면 거짓말처럼 몸이 가벼워지면서 집중도 훨씬 잘된다. 시원한 공기를 마시며 심호흡을 하고 나면 풀리지 않던 문제의 실마리가 불현듯 떠오르기도 한다. 산책 후 다시 집중해서 일을 하면 능률이 오르는 것은 말할 것도 없다.

  젊은 시절에는 여유도 없었거니와 이런 사실 자체를 알지 못했다. 그때 알았더라면, 아니 조금만 더 일찍 알았더라면 얼마나 좋았을까 하는 아쉬움이 들기도 한다. 하지만 '지금 알고 있는 것을 그때도 알았더라면' 하는 후회가 밀려올 때, 그때가 마지막으로 주어진 또 한 번의 기회라는 것 역시 나는 이제 알고 있다.

나이들수록
얼굴을 가꾸어라

 살아오면서 무수히 많은 일을 겪고 또 극복했지만 내 인생에서 가장 힘든 고비는 역시 남편이 세상을 떠난 직후였다. 어떻게 해서든 몸과 마음을 추스르고 새로운 일에 몰입해 보려고 나름대로 노력을 했지만 얼굴에 드리워진 우울한 그늘만큼은 감출 수가 없었다.
 몰입해 책을 읽다가도 고개를 들면 눈에 보이는 집 안 구석구석이 온통 남편의 향기와 손길로 가득했다. 생각다 못해 집수리를 해서 환경을 바꾸기로 했다. 할 수만 있다면 남편과의 시간을 기억나게 하는 모든 것을 없애거나 바꿔 버리고 싶었다. 집 안 구석구석 새로 칠을 하고, 침실과 서재의 창문을 바꿔 달았다.

서재를 가득 메운 남편의 물건도 정리를 하기로 했다. 빨간 줄을 그으면서 신문을 읽는 버릇이 있던 남편이 평론을 쓰기 위해 구독하던 세계 각국의 신문에는 남편이 직접 그은 빨간 줄이 선명하게 남아 있었다. 제자들의 시험지까지 버리지 않고 보관하던 남편이 직접 채점한 시험지가 여기저기에서 나왔다. 도무지 정리를 할 수가 없어서 나중에는 아이들에게 도움을 요청했다.

나와 함께 아버지의 서재를 하나하나 정리하던 아이들이 추도식을 하자는 제안을 내놓았다. 또한 홍주는 학자로서의 아버지 고광림 박사에 대한 글을 써 보자고 했다. 이 일을 계기로 해서 세상에 나온 책이 바로 《엘리트보다는 사람이 되어라》였다.

남편을 만나 아이들을 낳고 기르며 비교문화학자로 인정받기까지의 이야기가 모두 담겨 있는 그 책을 쓰면서 나는 스스로 마음을 치료할 수 있었다.

우리가 얼마나 서로를 끔찍이 아끼고 사랑했는지, 우리의 젊은 시절이 얼마나 열정적이었는지, 부부로서, 그리고 동료 학자로서 서로를 다독이고 이끌며 살아온 시간의 기억을 떠올리면서 나는 남편이 세상을 떠난 이후 처음으로 웃을 수 있었다. 그 책을 쓰면서 나는 다시 한번 남편의 깊은 사랑을 느끼며 남아있는 나의 인생을 힘차게 살아갈 에너지를 얻었다. 그것은 남편이 나에게 준 마지막 선물이었다.

미소도 가꾸어야 한다

지난 동계 올림픽에서 세계가 깜짝 놀랄 점수를 기록하며 금메달리스트가 된 피겨 여왕 김연아 선수가 인터뷰에서 지금까지 살아오며 기쁘고 행복한 순간보다는 힘들고 포기하고 싶던 순간이 훨씬 더 많았다는 말을 하는 것을 보고 깜짝 놀란 적이 있다. 갓 스무 살의 앳된 소녀의 입에서 그런 엄청난 말이 나오는 것을 보고도 깜짝 놀랐지만, 그렇게 말하는 그녀의 얼굴이 그 어느 때보다 환하게 빛나고 있는 것에 다시 한 번 놀라지 않을 수 없었다.

물리적인 길이로 측정해 보면 기쁘고 행복한 순간은 그리 길지 않을 수 있다. 남편과 함께한 38년이 내 인생에 가장 행복하던 시간이라 말하지만 이 역시 결과적으로 그렇다는 얘기다. 그 시간 동안에도 지치고 힘들던 순간이 있었고, 다 포기하고 싶던 순간도 있었다. 하지만 그 시절을 환하게 웃으며 견딜 수 있던 이유는 함께하고 있다는 것만으로도 만족할 수 있었기 때문이다. 그리고 무엇보다 반드시 더 나아지리라는 기대가 있었기 때문이다.

　김연아 선수가 기쁘고 행복하던 순간보다는 힘들고 포기하고 싶던 순간이 훨씬 더 많았다고 하는 것은 전 세계가 피겨 여왕이라 인정하는 오늘의 화려한 결과가 오기까지 그녀가 감수한 고난과 노력의 시간을 말해 준다. 하지만 그 말조차 환하게 빛나는 얼굴로 할 수 있는 그녀는 진정 그 시간의 의미를 알고 있는 행복한 스케이터라는 생각이 들었다. 스스로의 힘과 노력으로 이루어 낸 결과에 대해 만족하고, 그래서 기쁘고 행복하던 순간을 기억하는 것으로 그녀는 어떤 어려움도 견딜 수 있는 것이다.

　나는 나이 든 사람일수록 자신의 얼굴을 가꿀 줄 알아야 한다고 생각한다. 하지만 이것을 진한 화장을 하라거나 비싼 피부 관리를 받으라는 말로 이해해서는 안 된다. 나이 든 사람일수록 오히려 화장으로도 감출 수 없는 표정이 깊어진다. 주름을 말하는 것이 아니다. 그 사람이 겪어 온 세월의 흔적과 그 안에서의 희로애락이 저절로 묻어난다는 의미다.

　무조건 예뻐야 한다는 의미도 아니다. 타고난 미모가 아니더라도 마음먹기에 따라 사람의 얼굴은 얼마든지 달라질 수 있다. 얼굴이 예쁜지 아닌지를 떠나서 늘 환하게 웃는 사람을 보면 좋은 기운이 느껴지는 것만 보아도 알 수 있다.

　휘트니 센터에 사는 사람들도 대부분 표정이 밝다. 모두 나이는 많지만 여생을 착실히 꾸려 가는 사람들이기에 누구에게나 친절하고 매사에 긍정적이다. 건물 로비나 복도에서, 엘리베이터에서 얼굴을 마주치면 반갑게 인사를 한다. 그러면 금방 미소가 가득한 인사가 돌아온다.

인생의 온갖 희로애락을 넘어 편안하고 빛나는 얼굴로, 보는 사람에게 늙음에 대한 안도감을 갖게 하는 얼굴. 그 얼굴은 스스로 노력하고 가꾸지 않으면 절대 만들어지지 않는다.

젊은 시절에는 실제로 바쁘기도 했지만 항상 시간에 쫓기고 초조한 마음이 들어서 무표정한 편이었다. 하지만 나이가 들고 나서부터는 오히려 차분해지고 여유롭게 웃을 수 있게 되었다. 내가 당장 무엇인가를 꼭 해내야 한다는 생각보다는 어떤 일을 하더라도 초심으로 돌아가 차근차근 하다 보면 더 높은 곳으로 올라갈 수 있는 아주 단단한 계단 하나쯤은 더 만들어질 것이라는 생각을 할 수 있게 되었기 때문이다. 이것이 내가 남편을 떠나보내고, 그리고 휘트니 센터에서 지내면서 뒤늦게 깨닫게 된 사실이다.

마음이 가는 일을 하라

몇 해 전부터 남편과 함께 살던 집을 처분하고 휘트니 센터로 옮겨 갈 본격적인 준비를 시작했다. 사실 휘트니 센터에서의 노후는 남편이 살아 있을 때부터 계획된 일이었다. 물론 그때는 부부가 함께 휘트니 센터로 옮기는 것이었지만 말이다.

남편이 세상을 떠나고 나자 집이 너무 커서 더 허전한 마음이 드는 게 아닌가 하는 생각도 들었고, 시간이 지나자 혼자 관리하며 사는 것도 점점 더 힘들어졌다. 결국 남편과 함께 세운 계획대로 휘트니 센터로 가서 노후를 보내야겠다는 결심을 굳혔다. 이렇게 오래전부터 마음먹고 있던 일인데도 막상 휘트니 센터로 옮길 시기를 결정하고 나자 어쩐지 허전하고 서글픈 마음이 들었다.

그동안 나는 스스로를 꽤 긍정적인 사람이라고 생각해 왔다. 작은 일에도 감동하고, 소박한 일에서도 큰 행복과 기쁨을 느끼는 사람이라 늘 소녀 같다는 말을 듣곤 했다. 그런데 어쩐지 처량하다는 마음이 없어지지 않았다. 나만 남겨 두고 먼저 세상을 떠난 남편이 새삼 그립고 원망스러워지기까지 했다.

둘째 딸 경은이와 이사 문제로 이런저런 의논을 하면서 나는 어떻게 하면 휘트니 센터로 이사 가는 일을 기쁘게 생각할 수 있을까 고민하게 되었다. 그러다가 문득 그동안 살림을 하면서 내가 꿈꿔 오던 몇 가지를 떠올리게 되었다. 남편과 여섯 아이 뒤치다꺼리를 해야만 했던 내 젊은 시절은 온통 빨래와 설거지에 대한 기억이었다. 엄청난 양의 빨래와 세 끼 식사 후 설거지로 손에 물이 마를 날이 없었다. 그래서 어떤 때는 내가 빨래와 설거지를 하기 위해 태어난 사람인가 하는 생각이 들기도 했다.

그래서 나는 딸아이에게 휘트니 센터에 가면 두 번 다시 접시를 닦고 싶지 않다고 말했다. 딸이 미소를 지으면서 말했다.

"엄마, 이제 무엇이든 엄마가 원하는 대로 하셨으면 좋겠어요."

 순간 나는 환한 빛을 발견했다. '그렇구나! 이제 휘트니 센터로 들어가서 새롭게 시작하는 삶은 뭐든 내 식대로, 내가 원하는 대로 하면 되는 것이구나!' 하는 생각이 들자 가슴이 설레기 시작했다. 일단 식기세척기를 설치하기로 했다. 지긋지긋한 설거지에서 해방이 된 것이다.

작고 아담한 나만의 식탁

 그러고 나니 작고 아담하면서 견고한 나만의 식탁을 갖고 싶다는 생각이 들었다. 가구점에서 마음에 쏙 드는 식탁을 발견하곤 사고 싶던 적이 한두 번이 아니었다. 하지만 식구가 많은 우리 집에는 어울리지 않는 물건이라 늘 마음을 돌려야 했다. 새벽 몇 시가 되든 아침 식사는 반드시 함께해야 한다는 남편의 철칙이 있었기 때문에 식탁은 반드시 온 가족이 다 앉을 만큼 커야 했다. 아담한 나만의 식탁을 두고 산다는 것은 꿈에 지나지 않았다. 그래서 나는 이번에야말로 내 마음에 쏙 드는 좋은 식탁 하나를 사겠다고 했다. 딸은 물론 대찬성이었다.
 우리 가족이 다 앉을 수 있을 만큼 투박하게 크고 낡은 그

식탁은 지금 내 딸아이가 물려받아 쓰고 있다. 딸은 이제 뭐든 엄마가 하고 싶을 때 하고 싶은 대로 하라고 했다. 더 이상 나중을 위해 참아야 할 이유가 없지 않느냐고, 지금이 바로 하고 싶은 일을 할 때라고도 했다. 생각해 보니 내가 미처 깨닫지 못한 진리가 딸아이의 말 안에 담겨 있었다.

 나이가 들어서 의외로 좋은 점도 많다. 젊었을 때는 어떤 일이든 당장 실행에 옮기는 것이 쉽지 않았다. 고려하고 견주어 보아야 할 사항도 많았고, 그 일로 인해 발생하게 될 다른 일에 대한 예측도 쉽지 않았다. 하지만 나이가 들고 보니 웬만한 것은 경험으로 유추하고 예측할 수 있게 되었다. 판단도 빨리 내릴 수 있게 되었고, 또 무엇보다 우물쭈물할 시간이 그리 많지 않다는 점도 집중해서 판단을 내리도록 하는 데 도움을 준다.

 그때부터 나는 휘트니 센터의 내 보금자리를 꾸미는 일로 다시 분주해졌다. 처량한 기분에 무기력하던 마음은 간 곳이 없어졌다. 처음 우리 집을 사서 남편과 함께 손질하고 정리하던 때만큼이나 마음이 들떴다. 새로운 보금자리에서의 새로운 계획과 희망이 생긴 것이다.

 휘트니 센터로 이사하기 전, 우리 집에서 맞는 마지막 크리스마스에 아이들을 초대했다. 손자 손녀들까지 불러 모아 우리 부부와 가족 모두의 소중한 추억이 어린 집에서의 마지막 파티를 했다.

휘트니 센터로 가져가지 않을 물건 중에 필요한 것은 서로 나누어 가지라고 했다. 아이들마저 필요로 하지 않으면 전부 없애야겠구나 하는 마음에 서운했는데 아이들은 의외로 즐겁게 나누어 가졌다. 어떤 물건은 서로 가지겠다고 실랑이를 펴 내 마음을 더욱 기쁘게 했다. 아이들 역시 우리 가족의 역사와 추억이 담긴 물건 하나하나를 소중히 여겨 주었고, 그것을 보는 내 마음은 한결 가볍고 뿌듯했다.

매일 새로운 하루가
시작됨에 감사하라

"하나님! 오늘 또다시 이렇게 새로운 날을 주셔서 정말 감사합니다."

언제부터인가 매일 아침 잠자리에서 일어날 때마다 하게 되는 기도다. 새로운 하루를 맞이할 때마다 나에게 주어진 하루하루가 정말 귀하고 소중하다는 생각이 진심으로 들기 때문에 저절로 이런 기도가 나오는 것이다. 그래서 오늘은 어제보다 훨씬 더 열심히 살아야겠다는 결심도 하게 된다.

나는 침대에서 일어나자마자 서재로 간다. 그리고 곧바로 컴퓨터를 켜는 것이 오랜 습관이다. 제일 먼저 문서 파일을 열고 머릿속에 떠오르는 생각을 하나하나 정리해 둔다.

'오늘은 무엇을 할 것인가? 그리고 어제 미처 다 하지 못한 일은 무엇일까?'

아침은 머리가 가장 맑고 가벼운 시간이다. 맑은 머리로 잠시 명상을 하며 떠오르는 생각을 차근차근 기록한다. 매일 해야 할 일에 대한 계획을 세우지만 계획한 만큼 모든 일을 다 해내지 못할 때도 있다. 그러면 전날 미처 다 끝내지 못한 일도 기록한다. 이렇게 정리하는 것만으로도 하루의 알찬 계획이 되는 것이다.

이런 점검과 함께 새로운 계획을 세우는 것으로 하루를 시작하면 훨씬 더 짜임새 있는 24시간을 보낼 수 있다. 계획 없이 하루를 시작하다 보면 일의 진척은 없는데 괜히 동분서주하느라 덧없이 바쁘기만 한 하루를 보내게 되는데, 이 짧은 시간의 명상이 그것을 막아 준다. 그래서 30분 남짓한 이 시간은 내 일과 중 가장 소중한 시간이다.

요즘은 매일 해야 할 일을 계획할 때 무리해서 일정을 잡지 않는 편이다. 젊은 시절처럼 많은 일을 한꺼번에 할 수 없다는 점을 깨닫게 된 것이 그 첫 번째 이유이다. 하지만 그보다 더 중요한 이유는 이제는 나 혼자 많은 일을 하는 것보다는 동암문화연구소에서 함께 일하는 사람들이 더 많은 일을 할 수 있도록 도와주면서 밑그림을 그리는 것이 나에게 남은 또 하나의 사명이라는 사실을 알기 때문이다.

하루의 계획을 세우고 나서는 메일함을 열어 본다. 매일 아침 정기적으로 메일함을 열어 정리하고 또 수시로 메일함을 확인하지만 내 메일함은 항상 용량 초과 직전이다. 그 넘쳐 나는 메일에 일일이 답을 하다 보면 어떤 날은 반나절이 훌쩍 지나가 버리기도 한다. 하지만 나의 답장을 목 빠지게 기다리고 있을 사람들을 생각해서 곧바로 답장을 보낸다.

요즘은 연구소에 매일 나가지 않고 재택근무를 할 때가 더 많다. 그래서인지 업무에 대한 문의 메일이 점점 더 많아지고 있다. 나는 답장을 보낼 때 당장의 업무를 처리할 수 있도록 하는 데에만 주력하지 않는다.

질문에 대한 답보다는 질문한 사람이 무엇 때문에 어려움을 겪고 있는지를 헤아려 근본적인 해결 방안을 찾을 수 있도록 업무를 다시 한 번 요약해 준다. 때로는 그 일의 기본 취지와 방향을 다시 한 번 생각하는 것만으로도 스스로 해결 방안을 찾을 수 있기 때문이다. 그리고 나서 다른 누군가에게 도움을 요청할 수 있도록 해 주기도 한다. 말하자면 업무 지시를 하는 것이 아니라 나아갈 방향을 제시해 주고 밑그림을 그려 주는 것이다.

언제가 될지 모르지만 내가 부재할 경우에도 동암문화연구소가 변함없이 잘 돌아갈 수 있도록 나 나름대로 차근차근 준비하고 있는 셈이다. 이렇게 함으로써 생긴 여유로운 시간에 나는 작고 사소하지만 내가 새롭게 시도해 볼 만한 일을 찾고 계획한다.

지금까지 해 오던 일처럼 거창한 것이 아니어도 좋다. 긴 호흡으로 오랫동안 준비해야 할 방대한 일이 아니어도 상관없다. 지금 당장 내가 할 수 있는 일이라면, 그리고 지금껏 내가 해 오던 일이 더욱 발전하는 데 작으나마 도움이 되는 일이라면 나는 마다하지 않는다.

지금 당장 내가 하는 일은 아주 작고 사소해도 먼 후일 이것을 바탕 삼아 내 후배들이, 또 그들의 후배들이 더 큰 그림을 그릴 수 있다면 나는 그것으로 만족하기 때문이다.

바로 이런 취지에서 몇 년 전부터 내가 새롭게 시작한 일이 성신여대와 함께 하고 있는 컬처 웨어(Culture Wear)라는 문화 운동이다. 컬처 웨어는 한국 전통의 오방색과 색동 배합을 활용한 아동복 디자인을 개발해, 일상적으로 접하면서 입고 생활하는 옷을 통해 자연스러운 문화 교육과 교류를 시도하려는 것이다.

무의미한 하루는 없다

2000년 이후 미국에서 태어난 아이들 중 40% 이상이 부모가 서로 다른 문화를 가진 다문화 가정에서 자라고 있다는 통계가 발표되었다. 우리나라 또한 다문화 가정 비율이 점차 늘고 있는 추세라고 하니 가정에서부터 서로의 문화를 존중하고 이해하는 교육이 이루어져야 한다는 생각이 든다. 또한 이것을 바탕으로 했을 때 진정한 글로벌 리더십이 키워지는 것이 아닐까 생각된다.

지금 내가 추진하고 있는 컬처 웨어 운동 역시 하루아침에 성과가 나타나고 완성되는 일은 아니다. 하지만 우리나라 전통의 색감이나 문양 또는 우리 민족의 사상이나 한반도의 자연을 모티브로 한 다양한 텍스타일을 미국 사회에 선보이고 그것을 활용한 의류 디자인을 발표하는 자리를 마련함으로써 한국인의 문화를 더 쉽게 이해할 수 있도록 한다면, 그것이 이후에 더 큰 성과를 가져올 것이라는 게 새로운 일을 시작한 나의 신념이자 목표다.

나는 매일 새롭게 주어지는 나의 하루가 어제와 변함없이 어떤 발전도 변화도 없이 무의미하게 흘러가 버리도록 방치해서는 절대로 안 된다고 생각한다. 새롭게 주어지는 하루를 새로운 계획과 각오로 열심히 살아가는 것, 마지막까지 내가 절대로 양보할 수 없는 삶의 목표다.

Chapter Four

눈앞의 성공보다
나를 위한 보람을 좇는 삶

지금까지 내 의지와 내 삶을 유지할 수 있었던 것은
무엇보다 미국에 살고 있는 한국인으로서의 사명감을 버릴 수 없었기 때문이다.
이런 나를 두고 사람들은 사명감에 죽고, 사명감에 산다고 말한다.
사명감이란 누구를 위해 갖는 것이 아니다.
사명감이야말로 인생을 더욱 풍요롭게 하는 것이며,
그것으로 인해 인생의 최종 목표가 정해지는 것이다.

사명감은
인생을 풍요롭게 한다

나는 맹세코 일생 동안 나의 개인적 야망이나 출세만을 목적으로 살아온 적이 없다. 내 남편 고광림 박사는 말할 것도 없고 내 여섯 아이도 마찬가지라고 생각한다. 개인적 야망이나 출세 욕심 대신 우리의 삶을 굳건하게 지탱해 준 것은 바로 사명감이었다.

돌이켜 보면 나는 참으로 무겁고도 다양한 사명감을 감당하며 일생을 살아왔다. 부모님의 기대를 한 몸에 받으면서 어렵사리 미국 유학길에 오른 한 집안의 맏딸로서의 사명감, 한국인으로 그리고 여성으로 미국 사회에 당당히 뿌리내려야 할 유학 1세대로서의 사명감, 그리고 오랜 식민지와 전쟁을 겪으면서 피폐해진 조국 대한민국의 한 국민으로 내 나라의 정체성과 문화적 우수성을 세계에 널리 알려야 할 비교문화학자로서의 사명감, 내 남편 아내로서의 사명감, 여섯 아이 어머니로서의 사명감 등등 일일이 헤아리기에도 숨이 가쁠 지경이다.

남들 눈에는 슈퍼우먼으로 비칠 만큼 넘치는 열정으로 살아온 지난날이지만 나라고 왜 모든 것을 포기하고 내던져 버리고 싶은 적이 없었겠는가. 이 무거운 사명감 따위는 훌훌 벗어던지고 한 남자의 평범한 아내로 살고 싶다는 생각도 수없이 해 보았고, 학문과 연구를 하더라도 그저 여느 비교문화학자들처럼 쉬운 길을 가고 싶다는 생각도 해 보았다.

하지만 그런 유혹에 굴복하지 않고 지금까지 내 의지와 내 삶을 유지할 수 있던 것은 그 무엇보다 미국에 살고 있는 한국인으로서의 사명감을 버릴 수 없었기 때문이다. 이런 나를 두고 사람들은 사명감에 죽고 사명감에 산다고 말한다. 나도 인정할 수밖에 없는 사실이다.

하지만 사명감이야말로 한 사람이 세상에 태어나 살아가야 할 가장 중요한 이유가 아닌가 싶다.

지금은 빼앗긴 주권을 되찾아 없어진 국가를 재건해야 할 사명감이나 파탄에 빠진 국민 경제를 되살려야 할 사명감 같은 절실함은 사라진 시대다. 그런 무거운 사명감으로부터 자유로워진 요즘 젊은 사람들은 시대에 맞게 조금은 즐기며 몰입할 수 있는 사명감이나 더 진취적인 미래를 만들어 나갈 사명감으로 인생을 더욱 다이내믹하고 풍요롭게 살아갈 수도 있겠구나 싶은데, 현실은 영 내 기대와 다르다.

골치 아픈 사명감에는 관심이 없고 그냥 하루하루를 즐겁고 편안하게 보내는 것만이 목표라고 말하는 젊은 사람이 너무 많다고 한다. 국가가 딱히 나에게 해 준 것도 없는데 개인이 사명감을 가질 필요가 뭐가 있느냐고 오히려 반문한다.

하지만 사명감이란 누구를 위해 갖는 것이 아니다. 사명감이야말로 인생을 더욱 풍요롭게 하는 것이며, 그것으로 인해 인생의 최종 목표가 정해지는 것이다.

한국인의 특성을 알리는 일

휘트니 센터로 이사 온 2009년은 내가 여든 살을 맞은 해이기도 했다. 나는 여든 번째 생일을 좀 특별하게 보낼 생각이었다. 나이 자랑을 하려는 것이 아니라 본격적으로 다운사이징(Downsizing)된 삶의 시작을 기념하자는 의미와 함께 앞으로 남은 생을 보내게 될 휘트니 센터에서도 지금까지 내가 해 온 일을 지속하자는 취지에서였다.

다운사이징 된 새로운 보금자리인 휘트니 센터에서도 평생 해 온 나의 일과 연구를 지속하기 위해서는 무엇보다 한국 문화를 알리고 전파하는 것이 급선무였다. 나는 우리나라의 종교와 가치관을 실감나게 보여 주는 데 있어 과세의례(過歲儀禮)만 한 것이 없다고 생각했다. 내 예감은 적중했다. 곱게 차려입은 한복으로 우리 고유의 복식 문화를 보여 줄 수 있었고, 함께 나누는 음식을 통해 한국 전통의 음식 문화도 선보일 수 있었다. 또한 그동안 동암문화연구소를 거쳐 간 많은 젊은이를 초대해 우리 연구소의 정체성과 위상을 널리 알리고 소개하는 시간도 가졌다.

하지만 그 무엇보다 그날의 행사를 뜻 깊게 한 것은 다름 아닌 셋째 아들 홍주가 오바마 행정부의 국무부 법률 고문으로 인준을 받게 된 것이었다. 큰아들 경주는 이미 보건부 차관보로 인준을 받은 상태였고, 홍주는 아직 결정이 되지 않았는데 마침 그날에 맞춰 인준을 받은 것이다. 홍주의 인준안이 가결되자 국회에는 'Happy birthday, Mrs. Koh!'라는 기록이 남았다고 한다. 어머니로서, 재미 한국인으로서 이보다 더 큰 보람과 기쁨이 있을까!

내 아들 경주와 홍주가 미국 보건부 차관보와 국무부 법률 고문으로 임명된 것은 나에게 특별한 의미가 있다. 어느 부모인들 자식이 잘되는 것이 기쁘지 않을까마는 나에게는 단순히 자식이 출세하고 잘되는 것 이상의 의미다.

  나는 미국 사회에서 우리 한국의 문화적 특성이 하루빨리 인정받기를 고대하며 지난 수십 년 동안 오직 한길을 걸어온 비교문화학자다. 그리고 그것만큼이나 학수고대하던 바람은 내 아이들이 미국 사회에서 당당히 인정받는 인재로 든든한 뿌리를 내리는 것이었다. 그래야만 한국 문화와 한국인의 특성을 인정받을 수 있을 것이라는 생각에서였다. 경주와 홍주가 미국 행정부 일원으로 당당히 인준받은 것은 바로 이런 점을 인정받은 것과 다름 없다.

공부는 평생 하는 것이다

 대부분의 사람들이 이해할 수 없다고 말하겠지만 나는 아직도 공부가 즐겁다. 그렇게 많은 책을 읽고도 아직도 책이 너무나 좋다. 책에서 나는 종이 냄새마저 향기롭다. 아무리 두꺼운 책도 다 읽기 지루하거나 힘들기는커녕 때론 흥미롭게 읽기 시작한 책의 남은 분량이 점점 줄어드는 것이 아쉽게 느껴지기도 한다.
 즐거운 만큼 몰입도 잘하는 편이다. 일도 마찬가지다. 미국 유학 시절부터 그 많은 일을 억척스러우리만치 해낼 수 있던 이유도 내가 일을 즐기기 때문이었다. 그래서 나를 일 중독자로 보는 사람들도 종종 있다. 하지만 나는 공부와 일을 즐기고 있을 뿐 결코 중독자는 아니다.

나는 요즘도 한국과 미국의 문화 교류에 도움이 될 만한 아이디어가 떠오르면 당장 실천에 옮기고자 노력한다. 그것이 내 삶에 있어서 가장 큰 즐거움이다. 그리고 이제는 수십 년 전과는 판이하게 사람들 반응도 상당히 긍정적이다. 사람들은 내가 주최하는 행사에 큰 관심을 보이고, 몇몇 사람은 행사 진행을 도와주겠다고 팔을 걷어붙이고 나서기까지 한다. 일에 더 큰 재미를 느끼지 않을 수 없다.

휘트니 센터에서 지내며 나는 뜻 있는 행사를 몇 가지 주최했다. 처음에는 한국 문화를 사람들에게 알리기 위한 강좌를 개설했다. 단지 이웃들에게 우리나라의 문화를 소개하고 싶어서 개설한 강좌였는데 48명이나 등록을 해 성황을 이루었다. 그 후에는 성신여대와 협력해 한국 의상을 소개하는 패션쇼를 열었고, 여러 나라 문화의 단면을 보여 주는 인형 세미나를 개최하기도 했다.

내가 생각해도 나는 잠시도 가만히 있지를 못하고 쉬지 않고 새로운 일을 만들어 내는 사람이다. 그리고 직업이 학자여서인지 아무리 사소한 일이라 해도 항상 조사와 연구 단계를 거친 후에야 실행에 옮긴다. 오죽하면 남편의 비석에 새길 비문을 정리할 때도 미국 사람들의 비문 경향을 조사하고 연구했을까.

그런데 나는 이런 일련의 과정이 여전히 즐겁고 흥미롭다. 젊은 시절 대학원에서 공부하고 박사 학위 논문을 쓸 때와 비교한다면야 지금 내가 하고 있는 대부분의 조사와 연구는 아주 하찮은 것일 수도 있다. 하지만 그 과정에서 느끼는 즐거움과 활력은 그 시절 못지않다. 아니 어쩌면 그때처럼 당장 넘어야 할 거대한 산이 눈앞에 버티고 있는 것이 아니라서 오히려 더 즐거운 마음으로 여유 있게 즐기며 조사하고 연구할 수 있는지도 모른다.

공부에는 때가 없다

나는 이미 '공부도 때가 있다'는 옛말이 그르다는 나의 의견을 여러 번 말해 왔다. 공부의 때란 한창 두뇌 회전이 빠른 10대, 20대가 아니라 스스로 공부하고 싶다고 느끼는 때. 다시 말해 평생이 다 공부할 때라는 것이 내 확고한 생각이다.

물론 누구나 한창 공부할 나이에는 더 열심히 공부를 하는 것이 좋다. 체력도 충분하고, 두뇌 회전도 빠르고, 기억력이나 흡수력도 최고조에 있기 때문이다. 하지만 간혹 그 시기에 다른 것에 관심을 가져 공부를 소홀히 한 사람들 이야기를 듣게 된다. 몹시 안타까운 마음이 드는 것도 사실이지만 한편 저런 사람도 언젠가 스스로 공부가 필요하다는 생각을 하고 몰입하는 순간 놀라운 효과를 낼 수 있을 것이라는 기대도 버리지 않는다.

나이가 들면 기억력이나 순발력이 떨어진다는 것이 진리처럼 여겨지고 있다. 의학적으로도 사실이라고 한다. 그러나 아무리 의학이 발전했다 해도 인간의 두뇌 속은 아직 미지의 세계다. 우리의 뇌가 어떤 과정을 거쳐 어떻게 발전하고 퇴화하는지, 또 어떤 충격에 의해 어떻게 손상되고, 그 손상 정도가 어떤 이유로 치유되거나 심해지는지 밝혀진 부분보다는 밝혀지지 않은 부분이 더 많다고 한다.

때문에 대부분의 사람들은 나이가 들어 가면서 기억력이 떨어지는 것이 사실이지만, 중년 이후에도 끊임없이 두뇌 자극을 해 주는 사람과 그것을 멈추는 사람의 두뇌 상태는 굉장히 커다란 차이를 보인다고 한다. 중년 이후에 일체의 두뇌 자극을 멈춘 사람은 두뇌가 급속히 늙어 가는 경향을 보인다는 것이다.

그럼에도 불구하고 많은 사람이 나이와 기억력을 탓하며 공부를 포기한다. 실제로 최근에는 한국에서 대학을 마치고 직장 생활까지 하다가 늦은 나이에 유학을 오는 사람이 많은데, 이들이 하나같이 하는 푸념은 머리가 굳어 생각처럼 언어가 늘지 않는다는 것이다. 어린아이들은 서너 달 만에도 금세 의사소통을 하고 10대나 20대 초반에 유학 온 학생들은 6개월만 지나도 실력이 부쩍 느는데, 자신들은 그렇지 않다는 것이다.

대체 왜 애꿎은 머리 탓을 하는지 모르겠다. 30대 이상의 사람이 외국어를 습득하는 것이 젊은 사람들보다 더딘 이유는 여러 가지가 있을 수 있다. 우선 30대는 10대와 20대에 비해 자신이 구사하기를 원하는 언어 수준이 훨씬 높다. 그만큼 생각의 깊이가 깊기 때문이다. 또 10대와 20대에 비해 부끄러움도 많을 수밖에 없다. 사회적으로 10대나 20대에게 기대하는 것과 30대에게 기대하는 것이 다른데, 사람은 누구나 사회가 자신에게 기대하는 모습에 부응하고자 하는 욕구가 크기 때문이다.

물론 기억력이 떨어지는 면도 없지는 않다. 하지만 새로운 단어 하나를 기억하기 위해 기울이는 노력 또한 10대와 20대에 비해 줄어드는 것도 사실이다. 어린 시절에는 당연하게 할 수 있던 수없는 반복 학습도 나이가 들면 왠지 바보스럽게 느껴져 그 횟수가 줄어드는 것이다.

돌아서면 까맣게 잊어버린 데는 기억력이 나빠진 것 외에도 이렇듯 여러 가지 다른 이유가 있다.

그리고 설령 기억력이 현저하게 떨어졌다 해도 포기하기에는 아직 이르다. 나이 든 사람에게는 연륜에서 오는 생각의 깊이가 키운 놀라운 이해력이 있기 때문이다.

  사람의 두뇌는 아직까지 미지의 세계이기도 하지만 놀라운 세계이기도 하다. 그 가운데서도 가장 놀라운 사실은 우리 두뇌는 자극을 해 주고 단련을 해 주는 만큼 죽을 때까지 확장된다는 것이다. 두뇌를 자극하고 단련하는 데 공부만 한 것이 또 있을까.

세상에 괜히 그런 일은 없다

    침실의 불까지 다 끄고 잠자리에 들었다가도 문득 궁금한 점이 떠오를 때가 있다. 그러면 나는 벌떡 일어나 서재로 가서 컴퓨터를 켜고 인터넷 검색을 하거나 자료를 뒤적여 궁금증을 풀어야만 다시 잠들 수 있다.
    지금이야 인터넷 검색 한 번만으로도 수천수만 가지 정보가 한눈에 훤히 들어오는 시대지만 과거에는 궁금증 하나를 해결하려면 여러 권의 책과 자료를 찾아야 했고, 그만큼 시간도 많이 걸렸다. 짧게는 몇 시간에서 길게는 며칠, 몇 주가 소요되기도 했다. 하지만 나는 일단 생긴 궁금증은 반드시 풀어야만 하는 성격이다.

그런데 나의 호기심은 꼭 학문적인 것에만 국한되어 있지는 않다. 일상에서 보고 느끼는 사소한 것에서도 나는 호기심을 느끼고, 궁금한 것은 탐구를 통해 반드시 그 의문을 풀어야 한다.

요즘도 궁금하던 뉴스를 검색하느라 새벽까지 졸린 것도 모르고 깨어 있을 때가 종종 있다. 내가 사람들과 음식을 나누며 함께하는 시간을 즐기는 것도 사실 호기심 때문이다. 이 사람의 인생은 어떠했을까, 이 사람의 눈에 비친 세계는 어떨까, 이 사람이 가장 소중하게 여기는 것은 무엇이며 그 이유는 무엇일까 등등 온통 궁금한 것 투성이다. 이 궁금증을 풀려면 오랜 시간 대화를 나누며 마음을 터놓는 수밖에 없는데, 그 방법으로 음식을 나누며 시간을 보내는 것만 한 것이 없다.

나의 호기심은 낯선 곳을 여행할 때 더욱 많아진다. 비교문화학자이기에 어쩌면 당연한 것인지도 모른다.

둘째 딸 경은이와 맨해튼 골목을 걸으며 있었던 일이다. 평범한 주택가 골목길에 과일가게가 있었는데 과일을 산처럼 쌓아 놓은 모습이 퍽 인상적이어서 한참을 쳐다보게 되었다. 그리고 이 가게에서 과일을 쌓은 방법이 마치 한국 제사상에 과일을 괴어 놓은 것 같다고 말하는 나를 보고 딸아이는 감탄을 금치 못했다.

자신은 매일같이 다니던 길이었는데 이 가게를 단 한 번도 눈여겨본 적이 없을 뿐만 아니라 거리의 모든 풍경을 으레 그러려니 하고 봤다는 것이다. 그러면서 나의 멈출 줄 모르는 왕성한 호기심은 아무리 사소한 것에서도 반드시 의미를 찾아낸다고 감탄하기도 했다.

질주해야 할 때 vs 주위를 둘러보아야 할 때

사실 호기심은 내가 삶과 세상을 경외하는 방법 중 하나다. 이 세상 어떤 일도 그냥 그렇게 되거나 괜히 그렇게 생겨나는 것은 없다. 어떤 일에든 반드시 이유가 있고, 결과가 있으며, 그 결과가 미칠 영향이 있게 마련이다. 어떤 일이든 당연하다고 생각하거나 으레 그러려니 생각하는 마음은 비교문화학자로서 절대로 걸리면 안 되는 덫과 같은 것이다.

평생을 비교문화학자로 살아온 나로서는 이것이야말로 어쩌면 당연한 일이다. 그렇게 세상 모든 것에 호기심을 갖고 바라보면 삶은 얼마든지 신비롭고 즐거울 수 있다.

그래서 나는 호기심을 에너지의 근원이라고 생각한다. 내가 아직도 공부를 즐기고 책 읽기를 좋아하는 것도, 평생을 해 온 일에 지금까지 싫증을 내지 않는 것도 다 호기심이라는 삶의 에너지가 충만한 덕이다.

  나도 이제 나이가 들기는 든 모양이다. 예전만큼 속도를 내 일사천리로 일을 하지 못하는 것을 스스로 느끼게 된다. 분명 삼십 분 정도 걸릴 것이라고 예상했는데, 한 시간이 훌쩍 넘어 두 시간 가까운 시간을 소요하고 있을 때가 있다.

  하지만 나는 그것에 크게 마음을 쓰지는 않는다. 삶은 속도를 내서 앞만 보며 질주해야 할 때도 있고, 뒤처져 느릿느릿 걸으며 주위를 둘러보아야 할 때도 있기 때문이다.

  이제 나는 전진하는 속도에 연연할 때가 아니라는 것을 누구보다 잘 알고 있다. 한 발짝 뒤처져 걸으면서 앞만 보며 질주하는 젊은 세대가 놓치는 것을 꼼꼼하게 살피는 것. 그래서 더 많은 사람이 나를 발판으로, 나를 버팀목으로 더 많은 일을 해낼 수 있도록 하는 것이 나에게 남은 또 하나의 사명인 것이다.

마지막까지 현역이고 싶다

"박사님, 이제 그런 일은 조교나 연구원에게 시키시지요."
 내가 강연 준비를 하는 모습을 보고 사람들이 하는 말이다. 실제로 내가 강의 자료를 준비하고 있으면 도와주지 못해 안달을 하는 연구원들도 있다. 그런데 나는 이런 말을 들으면 조금도 반갑지가 않다. 오히려 섭섭한 기분이 든다.
 내게 도움을 주고 싶은 진심에서 하는 말이고 행동이라는 것을 모르는 바는 아니지만, 내가 벌써 이런 도움을 받아야 할 만큼 나이가 든 것인가 생각하게 하는 말이기 때문이다.
 지나친 욕심인지 모르겠지만 나는 마지막까지 현역으로 있다가 가고 싶다. 내가 이런 말을 하면 다른 사람들을 믿지 못해 일을 놓지 못하는 것이 아니냐고 반문하는 사람도 있을 것이다. 하지만 내가 현역을 고집하는 이유는 그것이 내 젊음의 비결이기도 하기 때문이다.

몸을 움직여 하는 공부가 진짜다

내 나이 열여섯에 우리나라는 해방을 맞았다. 수많은 애국지사와 학자, 문인들은 장차 나라를 어떻게 꾸려 나가고 발전시킬 것인지에 대해 생각하고 또 생각하고 있었다. 둘만 모이면 나라의 앞날을 걱정했다. 하지만 어린 내 생각에도 어른들이 하는 말과 생각이 막연한 탁상공론에 지나지 않는다는 느낌이 들었다. 하루빨리 우리나라를 발전시켜야 한다는 것은 삼척동자도 알고 있는 당위이고, 이젠 구체적인 방법을 제시해야 하지 않을까 하는 생각이 들었다.

그 어린 나이에 그런 생각을 할 수 있던 것은 아마도 움직여 하는 공부만이 쓰임이 있는 진짜 공부이고, 쓰이는 공부만이 의미가 있다는 것을 강조한 아버지의 영향이었던 것 같다.

어린 시절 아버지는 내게 공부는 반드시 움직여서 하는 것이어야 한다고 강조하셨다. 책상 앞에 앉아 샌님처럼 이론만

되뇌는 공부는 아무런 의미도 소용도 없다는 것이었다. 내가 미국에서 사회학과 경제학을 공부해야겠다고 마음먹은 이유도 바로 이것 때문이었다.

당시 아버지는 사회학과 경제학을 공부하겠다는 나에게 유학 계획서를 만들어 오라고 하셨다. 처음에는 아버지가 시키시는 일이니 해야 한다는 생각으로 시작했지만, 계획서를 만들면서 나의 유학 계획이 점차 구체화되는 것을 느낄 수 있었다. 3년이라는 유학 기간도 결정할 수 있었고, 유학 이후에는 우리나라 경제를 발전시키는 분야에서 일하겠다는 뚜렷한 목표도 세울 수 있었다.

아버지는 거기에서 한 걸음 더 나가 사람들과 직접 부딪쳐 가며 그들의 생활을 조사해 보지도 않고 사회학이라는 학문을 제대로 공부할 수는 없다고 하셨다. 당장 내가 살고 있는 동네 사람들의 생활상을 알아본 후 보고서로 작성해 오라고 하셨다. 나는 우선 효자동 일대를 가가호호 방문하며 살림살이를 둘러보고 생활상을 조사하기 시작했다. 생면부지 사람들에게 집 안을 구경하겠다고 말하는 것도, 사는 형편을 물어보는 것도 쉽지 않은 일이었다. 하지만 그때의 기억과 경험은 60년이 지난 지금까지도 내 삶과 학문의 지표가 되고 있다.

아버지 말씀처럼 공부는 역시 몸을 움직여 하는 것이 진짜 공부다. 그렇게 해야만 공부한 것을 실제로 사용할 수 있고, 그렇게 얻은 지식이 오래도록 남기 때문이다.

그래서 지금도 스스로 몸을 움직여 하는 쓰일 수 있는 공부가 아니면 내게는 아무런 의미가 없다고 생각한다. 연구원들이 준비해 주는 자료를 훑어보고 하는 강연 역시 내게는 아무 의미가 없다. 바쁘고 귀한 시간을 쪼개 강연을 들으러 온 사람들에게도 의미가 없는 일이니 나로서는 더할 나위 없이 미안한 일이기도 하다.

마지막까지 쉬지 않고 몸을 움직여 공부하기 위해서라도 나는 건강해야 한다. 정신은 또렷하게 살아 있고 공부하고 싶은 마음도 여전한데 몸을 움직일 수 없어 더 이상 공부를 할 수 없게 된다면 그보다 슬픈 일은 없을 것이기 때문이다.

자신의 키만큼이나 기다란 빵을 들고 파리 골목길을 달리는 소년의 사진을 찍은 유명한 사진가 윌리 호니스는 아흔한 살까지 현역 사진가로 활동했다고 한다. 다리를 움직일 수 있을 때까지 사진을 찍고 싶다던 그는 정말 더 이상은 혼자 힘으로 카메라를 들고 움직일 수 없을 때까지 사진을 찍은 백전노장이었다. 나는 윌리 호니스가, 그리고 누구보다 건강했던 그의 두 다리가 참으로 부럽다.

불가능한 것에
도전의 가치가 있다

　인생에서 그리고 학문의 길에서 남편은 내게 가장 든든한 지원자였다. 하지만 처음부터 남편이 내가 하려는 공부를 지지해 준 것은 아니었다.

　미국의 방법론을 그대로 차용해서는 그들과 너무 다른 우리의 경제와 문화를 연구할 수가 없었다. 객관적인 데이터를 중요시하는 미국식 사고방식에 맞춰 우리나라 상황을 그들의 공식에 대입해 보기도 했지만, 결국 별 의미 없는 데이터만 산출되고 말았다. 공부는 계속 난관에 부딪혔지만 그 누구에게도 조언을 구할 수가 없었다.

　박사 학위 논문을 쓸 때는 한국 경제 상황을 문화와 따로 떨어뜨려 생각할 수가 없었기에 한국의 경제 발전과 문화적 요소를 역사적인 맥락에서 함께 분석해야 했다. 하지만 조선 시대와 고려 시대에 대한 자료가 턱없이 부족해 몹시 힘들었다. 영문 자료는 전무한 상태였고 우리말 자료도 부족하기만 했다. 밤을 새워 가며 일본어 자료까지 뒤졌지만 성과는 없었다.

그때는 남편마저도 부정적인 의견을 내비쳤다. 미국에서 조선의 문화와 사회를 다룬 논문이 무슨 소용이냐는 것이었다. 설령 학위를 받고 돌아간다 해도 그것이 한국에서는 또 어디에 쓰이겠느냐고 몹시 부정적으로 말했다. 사랑하는 남편이지만 내가 공부하는 분야에 대해 그렇게 말할 때는 섭섭한 마음도 많이 들었고, 이 문제로 말다툼도 자주 했다. 가장 가까운 사람인 남편이 이렇게 생각하는데 다른 사람들은 더 말할 것도 없었다.

아무에게도 이해 받지 못한다는 외로움

남편은 내가 사회학을 공부하는 것에 딱히 반대를 하지는 않았지만 큰 관심도 없었다. 무려 10년 가까이 그랬다. 자료가 없고, 지도 교수가 없고, 조언해 줄 선배나 동료가 없어서 힘든 것보다 아무에게도 이해받지 못한다는 외로움이 나를 더 힘들게 했다. 남편도 내가 어떤 공부를 어떻게 하는지 자세히 몰랐을 만큼 나는 철저히 혼자였다.

논문을 완성해도 발표할 곳도, 출판해 줄 사람도 없었다. 한국이라는 나라에 관심이 없으니 한국학에 관심이 없는 것은 너무 당연했다.

그렇게 늘 무에서 유를 창조해 내는 자세로 연구하는 나를 두고 한 지인은 "전혜성 박사는 태평양을 혼자 헤엄쳐 건너려는 사람 같다"고 말하기도 했다. 황무지를 일구어 밭을 개간하겠다고 마음먹은 사람처럼 아무도 알아주지 않는 논문을 묵묵히 쓰고 완성해 가는 나의 집념을 높이 평가하면서 한 말이다. 정말이지 그때의 내 심정은 망망한 태평양 위를 홀로 둥둥 떠다니며 헤엄을 치고 있는 것처럼 외롭고 고단하기만 했다.

하지만 내가 포기하지 않을 수 있던 이유는 모든 사람이 불가능하다고 말하는 것에는 의외로 도전할 가치가 있다는 것을 알고 있었기 때문이다. 한국학이 의미 없다고 말하는 것은 그때까지 미국 사람들에게 동양은 중국이나 일본뿐이었기 때문이지, 정말 아무런 의미가 없어서는 아니라는 확신도 있었다. 그래서 기필코 이들의 뇌리에 한국과 한국인, 그리고 한국의 문화를 깊숙이 각인시키고야 말겠다는 오기가 생겼다.

'한국을 알고 나면 그동안 무관심한 것을 후회하게 될 것이다.'

동양은 중국과 일본이 전부라고 생각하는 편협한 서구인들을 크게 깨닫게 해 줄 날을 고대하면서 외로운 길을 묵묵히 걸었다. 외롭고 서운한 마음이 들수록 공부에 더욱 매달렸다. 그것만이 유일한 나의 위안이었다.

그렇게 완성된 박사 학위 논문이 마침내 세상에 발표되고, 좋은 평가를 받았다. 미국과 한국 양쪽에서 주목을 받았다. 전통적으로 계급 사회이던 우리나라에서 소외받던 계급인 반상가의 서자와 궁내 여성 계습에 대한 새로운 관점을 제시해 당시까지 상당히 보수적이던 한국 사회 전반에 큰 충격을 안겨 주기까지 했다. 지금까지 내 공부에 대해 회의적이던 남편도 그때는 나를 인정하고 칭찬해 주었다.

내친김에 한국학 공부를 본격화할까 하는 생각도 했다. 하지만 여전히 별반 관심 없는 동양의 작은 나라를 연구한다고 하면 연구비를 지원 받기도 어려울 것이라는 생각에 비교문화학이라는 묘안을 짜낸 것이다.

만일 그때 모두가 불가능하다고 여긴 것처럼 나 역시 한국학 연구는 아무런 가치도 없는 일이라 생각하고 포기했더라면 어떻게 되었을까? 언젠가 누군가는 해야 할 일이었지만 당시 내가 포기했더라면 비(非)로마자를 코드화하는 비교문화정보체계의 개발은 지금보다 훨씬 더 늦어졌을 것이고, 그만큼 한국학 연구의 역사도 뒤처졌을 것이다.

사람들이 만류하는 일일수록 관심을 갖는 이유

나는 지금도 사람들이 불가능하다 속단하고 만류하는 일일수록 관심을 갖는다. 그런데 자세히 살펴보면 불가능하다고 말하는 일은 대부분 가능성이 0%인 일이 아니라 하기 어려운 일이다.

아주 오랫동안 노력을 기울여야 하는 일이거나 혹은 당대에는 결코 끝낼 수 없는 일이다. 소위 달걀로 바위 치는 일인 것이다. 그렇기 때문에 무모한 일이기도 하지만 가치 있는 일인 경우가 많다. 가치가 높은 일일수록 짧은 시간 안에 성과를 보거나 당대에 완성되는 경우는 드물기 때문이다.

나이가 들면 반드시 대단하고 거창한 위업만이 가치 있는 일은 아니라는 사실을 깨닫게 된다. 아무리 사소한 일이라도 좋다. 또 반드시 살아 있는 동안 어떤 성과를 보지 못해도 좋다. 그 일을 반드시 해 보겠다는 의지로 꾸준히 하기만 한다면 하지 않은 것보다는 성과가 있다는 것이 내 생각이다.

나는 요즘 휘트니 센터 내에서의 여러 활동에 열의를 쏟고 있다. 그래서 격주간으로 발행되는 휘트니 센터 소식지에 나의 활동이 매번 실리고 있다. 내 이웃들은 나를 '닥터 고'라 부르며 나와의 교류를 즐거워한다. 나 역시 이웃들의 활동에 영감을 받기도 하고 때론 큰 감동을 느끼기도 한다.
 몸을 움직이기도 쉽지 않은 나이에 조각을 배우는 사람, 뒤늦게 새로운 나라의 언어를 배우려는 사람, 가쁜 숨을 몰아쉬면서도 플루트 연주를 연습하는 사람……. 그들이 더욱 위대해 보이는 이유는 바로 천 리 길이 멀다고 생각하지 않고 그 첫발을 내디뎠기 때문이다. 그들이 천 리를 다 걸을 수 있을지 없을지는 그 다음 문제다.

인생의 롤모델은
변하는 것이다

젊은 시절 내 인생의 롤모델은 마리 큐리였다. 과학자로서의 삶과 가정 주부로서의 삶을 병행한 마리 큐리에게 자연스럽게 많은 관심을 가지게 되었다. 마리 큐리는 세상에는 여러 가지 공부가 있지만 세상과 사회에 공헌할 수 있는 공부가 진짜 공부라는 가르침을 분명하게 심어 준 인물이기도 했다.

하지만 내 인생 전체를 두고 본다면 롤모델이 마리 큐리 한 명뿐인 것은 아니다. 때론 현모양처의 표본이라 할 수 있는 신사임당을 롤모델로 삼기도 했다. 그런가 하면 평생을 낮은 곳에서 봉사의 정신을 실천하며 사는 마더 테레사 수녀는 사회적으로 기여하는 삶을 위한 롤모델이기도 하다.

요즘은 롤모델이 더욱 많아졌다. 휘트니 센터에서 만난 이웃들 중에서 새로운 롤모델을 만나기도 하고, 누구보다 열심히 살다가 담담하게 주변을 정리하고 편안한 죽음을 맞은 선배들에게서 롤모델을 발견하기도 한다.

이상은 높을수록 좋다는 말을 한다. 그래서 우리는 자칫 인생의 롤모델조차 위대한 사람일수록 좋다고 착각하기 쉽다. 하지만 도저히 따라잡기 힘든 사람을 롤모델로 선정하고 일평생 그를 따라가고 흉내 내는 것에만 온 신경을 집중하고 산다면 얼마나 불행할까.

물론 젊은 시절에 나이 든 자신의 모습을 생각하며 그때의 롤모델을 미리 정해 두는 경우도 있다. 아직은 젊기 때문에 늙는다는 것에 대한 현실 감각이 없는 탓도 있고, 아직은 매사에 당당하고 자신이 있기 때문에 아마도 아주 멋진 사람을 롤모델로 삼았을 것이 분명하다. 누구보다 건강하고, 누구보다 멋지고, 누구보다 근사하게 늙어 가는 것은 나이와 상관없이 우리 모두가 가지고 있는 인생의 가장 큰 바람이기 때문이다.

하지만 나이가 들어 문득 생각해 보니 나는 그 롤모델의 발목 근처에도 가지 못한 삶을 살았구나 하는 생각이 들 수도 있다. 그렇다고 의기소침해하거나 낙담할 필요는 없다.

초라하게 늙었다고 자책하며 서글퍼할 필요는 더욱 없다.

주변에서 롤모델을 찾아보라

어느 누구도 평생 동안 단 한 사람만 롤모델로 생각하고 살아갈 수는 없다. 인생 전반에 있어 가장 큰 지침이 되고 기본 방향을 정해 준 사람과 롤모델은 엄연히 다르기 때문이다.

오래전에 닮고자 한 롤모델과 지금의 나 사이에 괴리가 있다면 이제 과감히 새로운 롤모델을 찾으면 된다.

롤모델이란 본디 나와 가장 비슷한 조건과 환경을 가진 사람 중에서 찾는 것이다. 나와 비슷한 조건과 환경을 가지고 있지만 열심히 묵묵히 자신의 길을 걸어 훌륭한 성과를 낸 사람이라면 나에게 충분히 발전적인 자극과 영향을 미칠 수 있기 때문이다. 그렇기에 시간이 흐르면 인생의 롤모델도 변하는 것이다. 아니 변해야만 하는 것이다.

지금 당장 주변을 살펴보라. 아주 소박하게 노년을 맞이하고 있는 많은 사람을 만날 수 있을 것이다. 위대한 업적을 달성한 화려한 과거를 자랑하는 사람이 아닐 수도 있고, 현재 역시 사회적으로 대단히 큰 의미가 있는 일을 하는 사람이 아닐 수도 있다. 그렇지만 누구보다 건강하고 바쁘게 하루하루를 보내고 있다면, 나이를 핑계 대며 남에게 의존하기보다는 자립적으로 살아가는 사람이라면, 아주 작은 것이라도 누군가에게 도움을 주기 위해 노력하고 그것에 큰 가치를 두는 사람이라면, 많은 사람이 무모한 일이라 만류해도 아랑곳하지 않고 새로운 일에 도전하기를 멈추지 않는 사람이라면, 바로 그 사람이 이제부터 당신 노년의 롤모델이 될 것이다.

현재 내 인생의 새로운 롤모델은 언제 어떤 상황에서든 자신이 할 수 있는 일을 끊임없이 찾고 그 일을 통해 크든 작든 누군가에게 도움을 주기 위해 노력하는 이웃들이다. 일의 규모나 사회적 잣대로 계산하는 값어치와는 무관하게 누군가는 해야 할 필요한 일이라고 생각하면 그 무엇에도 구애받지 않고 당장 두 팔을 걷어붙일 수 있는 소박하지만 성실한 내 주변의 수많은 이웃이다.

Chapter Five

미래를 내다보아야
두려움이 없다

삶을 다운사이징하는 첫 단계는
지금까지의 생활 속에서 불필요하다고 느끼던 요소를 제거하는 것이다.
불필요한 도구나 가구를 줄이고, 쓰지 않고 쌓아둔
물건을 꺼내 필요한 사람들에게 나눠 주는 일도 필요하다.
그런 과정을 거치다 보면 그동안 내 생활이
얼마나 번잡하고 복잡했는지 새삼 깨닫게 될 것이다.

항상 앞날을 예측하라

 지금까지 살아오면서 나는 재정 관리를 남에게 맡겨 본 적이 없다. 남을 못 믿어서가 아니다. 물론 누군가에게 맡겨서 관리해야 할 만큼 재산이 많은 것도 아니었지만 최소한 내 주머니로 들어오고 나가는 것쯤은 내 스스로 관리하고 계획할 수 있어야 한다는 철칙이 있었기 때문이다.
 나는 지금까지도 스스로 은행 업무를 처리한다. 그리고 어디에 가서 산다 해도 은행 업무를 보고 재정 관리를 하는 것쯤은 크게 걱정하지 않아도 될 정도로 자신이 있다.
 미국 유학 시절은 늘 부족하고 곤궁한 생활의 연속이었다. 학비는 장학금으로 충당한다 하더라도 방학 때면 생활비를 벌기 위해 늘 일자리를 찾아야 했다.

'일자리를 구하러 왔습니다' 라는 말을 얼마나 많이 했는지 헤아릴 수도 없다. 어림잡아 생각해 보아도 '나는 한국에서 온 전혜성이라고 합니다' 라는 말보다 훨씬 더 많이 했을 것이다. 그래서인지 더 이상 일자리를 구하지 않아도 되는 지금도 구인 광고를 보면 눈이 번쩍 뜨일 때가 있다.

결혼을 한 다음에도 크게 달라지지 않았고, 아이들이 태어나자 더욱 빠듯해졌다. 학위를 받은 다음에도 동양인이었기에, 한국인이었기에 일자리를 찾는 일이 쉽지 않았고 살림살이는 별반 차이가 없었다. 한국인 최초로 하버드대에서 법학 박사 학위를 받고 럿거스대에서 정치학 박사 학위까지 받은 남편은 미국에서는 동양인이라서, 한국에서는 반정부 인사라는 오해로 인해 환영받지 못했다.

가까스로 남편이 보스턴대 법대에서 강의를 하게 되었지만 이 역시 안정된 것이 아니었다. 강사 월급은 우리 식구가 생활하기에 턱없이 부족했고, 다음 학기에 또 강의를 할 수 있을지도 불확실했다. 요즘 유학생들처럼 고국의 가족들로부터 도움을 받을 수 있는 상황이 아니었기에 모든 것을 우리 힘으로 해 나가야만 했다.

수입과 지출을 동전 한 닢까지 따져 가며 계산하지 않을 수 없었다. 언제든 이번 달 수입이 마지막이 될 수 있기 때문에 늘 앞날을 예측하고 지출 계획을 세워야 했다. 이것이 바로 어드밴스 플래닝(Advance Planning)의 시작이었다. 남편이 한국연구소를 세운 뒤 한국학 연구가 자리를 잡아 가자 주미 특명 전권 공사로 대사 대리직을 맡게 되면서 생활이 안정되기는 했지만 나의 어드밴스 플래닝은 계속되었다.

  대출을 받아 집을 사기로 결정하면서 우리 부부가 가장 중요하게 생각한 것은 입지 조건이었다. 시간 여유가 없는 우리 부부가 학교와 연구소를 오가며, 또 아이들을 교육시키며 생활하기에 편리한 곳이어야 한다는 생각도 있었다.

  하지만 대출 자금으로 무리해서 집을 구입하는 것이기 때문에 언제든 급하게 팔아야 할 상황이 올지 모른다는 생각에 사람들이 선호할 수 있는 입지 조건을 최우선한 것이다.

  그 후로도 세 번이나 집을 사고팔았는데 늘 좋은 위치에 있는 집을 구한 덕인지 집을 내놓으면 항상 잘 팔렸다. 집은 살기 위해 사는 것이지만 팔아야 할 날이 올 수도 있다는 점을 염두에 두는 것 역시 어드밴스 플래닝이다.

스스로 관리할 줄 아는 삶

나이가 들었다고 해서 어드밴스 플래닝을 멈출 수는 없다.

나이 드는 것이 두려운 이유 중 하나는 사회적으로 쓸모 있는 일을 할 기회가 점점 줄어든다는 점이다. 사회적으로 아무런 기여를 하지 못하게 되면 자연히 수입은 줄어들고, 얼마 지나지 않아 그나마도 수입이 끊겨 재정 상태가 제로가 될지도 모른다.

반면 질병 등으로 인한 예기치 못한 많은 지출이 생길 확률은 점점 높아진다. 그렇게 되면 우리나라처럼 사회 보장 제도로부터 완벽한 보호를 받을 수 없는 나라에서는 어쩔 수 없이 자식들 신세를 지게 되는 것이다.

하지만 세상 어떤 부모도 자식들에게 짐이 되고 싶어 하지는 않는다. 자식들은 자랄 때 부모의 보살핌을 당연한 것인 양 받으며 자랐고, 부모들 역시 그것을 큰 기쁨이라 생각했지만 정작 자신들이 늙고 병들어서 자식들에게 보살핌을 받게 되는 일만큼은 피하고 싶은 것이 부모 마음이다.

언젠가는 더 이상의 수입이 생기지 않을 수도 있고 노후 연금을 받거나 자식들 도움으로 살아가게 될 수도 있다. 하지만 수입이 없다고 해서 무작정 안 쓰는 것이 능사가 아니며, 종신까지 보장되는 연금이나 자식들이 주는 돈이라고 해서 생각 없이 쓰며 살아서도 안 된다.

노후 연금이나 자식들이 보태 주는 생활비 역시 수입이라 생각하고 규모 있게 지출 계획을 세워야 한다. 그동안 저축

해 둔 돈을 축내 사용할 때도 그 돈을 수입으로 생각하고 계획을 세우면 된다. 적은 돈이라 해도 정기적인 수입이 있을 때처럼 그 안에서 따로 저축도 하고 재테크도 하면서 자기 주머니를 지키고 불려 나간다면 더 이상 늙고 나이 드는 것이 두렵지만은 않을 것이다.

별도의 수입이나 자산이 없어 자식들에게 용돈을 받으며 지내던 노인이 돌아가신 이후에 보니 상당히 큰돈을 모아 두었더라는 이야기를 접하곤 한다.

다 늙은 부모가 유난히 돈에 욕심이 많아 그 많은 돈을 모아 두고도 한창 돈 들 일이 많은 자식들에게 손을 벌렸나 싶지만, 사실은 그 노인도 어드밴스 플래닝의 필요성을 알고 실천한 사람일 것이라는 게 내 생각이다. 분명 그는 자식들이 주는 용돈을 단 한 푼도 허투루 쓰지 않았을 것이다. 혹시 생길지 모르는 만일의 불상사에 대비해 아끼고 아껴 그 돈을 모았을 것이고, 그 돈은 결국 다시 자식들 몫으로 남겨진 것이다.

스스로 삶의 간소화를 꾀하라

뉴헤이븐의 예일 대에서 5분 거리에 있던 나의 옛집은 나와 남편, 그리고 아이들까지 우리 여덟 식구의 꿈과 추억이 고스란히 묻어 있는 곳이다.

우리 가족에게는 일종의 기념관과도 같은 곳이다. 하지만 아이들이 성장해 집을 떠나고 자신들의 가정을 이루자 안 그래도 넓고 큰 집이 더 크게 느껴졌다. 남편마저 세상을 떠나고 나니 굳이 나 혼자 이렇게 큰 집에서 살아야 할 이유가 뭘까 하는 생각이 들었다. 하지만 그때까지만 해도 더 나이 들어 이 큰 집을 관리하는 것이 힘에 부치면 언젠가는 작은 집으로 옮겨야겠다고 막연하게 생각하고 있었다.

그러다가 집을 비롯한 내 생활 전반을 대폭적으로 간소화해야겠다는 결심을 굳히고 실행에 옮기게 된 계기가 생겼다. 갑자기 건강에 이상이 생긴 것이다. 몸이 안 좋아지자 정신이 번쩍 들었다. 지금이 바로 그때라고 하늘이 신호를 보내주는 것이라는 생각도 들었다.

남편과 아이들과의 추억이 있는 곳이라, 어렵게 마련해 손질한 소중한 집이라 차일피일 미루며 아직은 때가 아니라고 핑계를 대던 것에 종지부를 찍었다.

나는 스스로 내 삶을 다운사이징하기로 결정하고, 아이들에게 내 결심을 알렸다. 남편이 살아 있을 때부터 언젠가는 함께 노후를 보낼 곳으로 생각하고 점찍어 둔 휘트니 센터로의 이사를 결정한 것이다.

남편이 세상을 떠난 다음부터 줄곧 함께 살 것을 권유해 온 아이들은 큰 충격에 빠졌다. 특히 결혼할 때부터 어머니를 모시고 사는 것을 조건으로 내세웠다는 딸 경은이는 나와 함께 살려고 집수리까지 하던 중에 내 결정을 듣고는 결사적으로 반대를 하고 나섰다.

하지만 나는 내 결심을 바꾸지 않았다. 지금이야말로 내 삶을 다운사이징 하기에 가장 적합한 시기라고 생각했기 때문이다.

세상의 모든 부모가 가급적 자식들에게 짐이 되고 싶지 않다고 생각하지만 자식들은 또 대부분 부모가 나이 들면 함께 모시고 살아야 한다는 일종의 책임감을 갖는 것 같다. 특히 우리나라 사람들은 그 책임감이 훨씬 더 큰데, 우리 아이들도 미국에서 나고 자랐지만 한국인 부모의 교육을 받고 자라서인지 그런 생각이 여느 미국 아이들보다 강했던 것 같다.

어린 시절 나를 사랑으로 키우고 보살펴 주신 부모가 나이 들면 나 역시 사랑으로 보살펴 드려야 한다는 효심. 이것이 바로 내가 미국 사회에 널리 자랑하고 역수출하고 싶은 한국인의 노인 공경 사상의 기본이다.

하지만 나는 아이들이 그런 마음을 가져 주는 것만으로도 충분하다고 생각했다. 굳이 함께 살며 그 마음을 확인할 필요까지는 없다고 여겼다. 함께 지내게 되면 아이들 생활에도 큰 변화가 일 것이다. 혼자가 아니라 든든하고 외롭지 않다는 이점이 있지만 나 역시 새삼스럽게 번잡스러운 변화를 겪게 될 것이다.

아이들에게는 내가 한없이 존경하고 사랑하는 어머니일 테고 나 역시 그 아이들이 사랑스럽겠지만, 예기치 못한 일상의 변화는 갈등을 초래하기 십상이다. 이미 일가를 이룬 아이들에게 마음의 짐이 되고 싶지는 않았다. 며느리나 사위, 그리고 손자 손녀들에게는 더욱 그러했다.

모든 사람의 노후는 결국 혼자라고 말하는 사람들이 있다.

결혼을 했든 독신이든, 자녀가 있든 없든 결국 마지막 순간은 혼자뿐이라는 다소 비장한 의미다. 그렇다면 나이가 들수록 가장 중요한 것은 자립심이라는 것이 내 생각이다. 그리고 내 삶을 자립적으로 꾸려 나가려면 삶을 다운사이징 해서 내가 컨트롤하기에 적합한 크기로 만드는 작업이 무엇보다 필요한 것이다.

다운사이징의 첫 단계

다운사이징의 첫 단계는 지금까지의 생활 속에서 불필요하다고 느끼던 요소를 제거하는 것이다. 불필요한 도구나 가구를 줄이고, 쓰지 않고 쌓아 둔 물건을 꺼내 필요한 사람들에게 나눠 주는 일도 필요하다. 그런 과정을 거치다 보면 그동안 내 생활이 얼마나 번잡하고 복잡했는지 새삼 깨닫게 될 것이다. 그러고 나면 반드시 필요하다는 생각이 드는 순간 바로 물건을 구입하던 습관에도 변화가 생긴다. 이것이 정말 필요한지, 이 물건을 대체할 만한 다른 것이 내가 가진 물건 중에 없는지 다시 한 번 생각하게 된다.

사실 삶의 다운사이징은 꼭 나이가 들었기 때문에 필요한 일은 아니다. 특히 요즘처럼 무엇이든 넉넉하고 풍요로운 사회에서는 젊은 사람들도 삶을 보다 알차고 규모 있게 꾸려 나가기 위해 일정 부분 다운사이징이 필요하다고 생각한다.

손질하고 관리하는 데 너무 많은 시간을 허비하게 될 정도로 넓은 집, 남의 눈을 의식해서 무리하게 구입한 자동차, 두고두고 써도 남을 만큼 많은 여분의 물건 등을 정리하고 나면 의외의 곳에서 새로운 삶의 의미를 찾게 될지도 모른다. 그리고 이런 삶이야말로 요즘 전 세계인들의 최대 관심사인 친환경 삶이 아닐까 생각한다.

스스로 자기 삶을 다운사이징 해 보면 기분 전환도 되고 새로운 의욕도 생겨날 것이다. 그리고 스스로 결정하고 행한 일이기 때문에 세월에 등 떠밀려서, 나이에 굴복해서 어쩔 수 없이 포기한다는 처량한 느낌도 들지 않을 것이다.

나만의 공간을 꾸미는 즐거움

휘트니 센터에서의 생활을 준비하면서 이곳 생활 방식 중 참으로 인상 깊은 것을 알게 되었다. 개인 주거 공간인 아파트에서 지내다가 죽음이 다가오면 센터 내의 병원으로 거처를 옮겨 임종을 맞게 되는데, 이때 본인이 원하는 가구 한 가지는 가지고 갈 수 있다는 것이다. 예를 들어 늘 사용하는 물건을 두는 서랍장이나 협탁 정도는 병원 침대 옆에 두고 계속 사용하게 한다고 했다. 자신에게 친숙한 물건이나 공간은 그만큼 사람의 마음을 편안하게 하기 때문이라고 했다.

나는 휘트니 센터의 내 아파트를 정말 나만의 공간으로 꾸미기로 했다. 생각해 보니 오롯이 나만의 공간을 갖는 것이 결혼한 이후 처음인 듯싶었다. 처음 미국에 와서 기숙사 생활을 시작할 때의 설렘이 되살아나면서 마음이 들떴다.

우선 어머니의 장, 할아버지가 쓰시던 탁상 등 내가 가지고 있던 한국 가구를 배치했다. 마치 골동품을 전시해 놓은 듯 썩 멋있었다. 창문도 한국 전통 스타일로 바꿔 달고 한지까지 발랐다. 오래전 어머니가 이불감으로 사용하라고 보내 주신 비단을 지금껏 보관해 두고 있었는데 이것을 과감히 사용하기로 했다. 비단을 잘라 소파에 두고 사용할 쿠션을 만들었고, 가장 한국적인 분위기가 나는 창문 아래에는 아들 홍주가 선물한 화병을 놓고 예쁜 꽃까지 꽂았다. 내가 그린 그림도 걸고 소중하게 간직해 온 병풍도 꺼내 두었다.

아파트를 방문한 아이들은 "이곳이야말로 어머니 당신만의 세계"라며 감탄을 금치 못했고, 구경 온 이웃들도 인테리어가 독창적이고 마치 한국에 여행을 온 것 같은 기분이 든다며 관심을 가졌다.

나는 이웃들을 초대해 조촐한 파티를 열었다. 미국 사람들의 입맛에 맞을 만한 한국 음식도 넉넉하게 준비해서 나누며 즐거운 시간을 가졌다. 이웃들은 오래된 병풍과 반닫이, 비단으로 만든 쿠션과 종이를 바른 독특한 문양의 창문 등에 관심을 보였고, 내가 직접 그린 동양화를 무척 신기하게 감상했다. 내가 준비한 한국 음식도 맛있게 먹어 주었다. 순식

간에 내 아파트는 휘트니 센터 안의 한국문화관이 되었다. 아마도 이전까지 한국에 대해 잘 알지 못하던 사람들이라면 이제 한국을 생각할 때마다 내 아파트의 분위기를 떠올릴 것이다.

문득 휘트니 센터에서의 생활이 내가 기대한 것보다 훨씬 더 흥미진진할 것 같다는 예감이 들었다. 원래부터 손님 청하는 일을 좋아하고 즐기던 나였기에 휘트니 센터 이웃들이 나만의 공간에 관심을 가져 주는 것이 나로서는 여간 반가운 일이 아니었다. 내 공간에 대한 관심은 곧 나에 대한 관심이 될 것이고 그것은 곧 한국과 한국 문화에 대한 관심으로 이어질 것이 분명했기에 나는 이곳에서의 새로운 생활에 대한 기대에 잔뜩 부풀었다.

변화를 받아들인다는 것

나이가 든다는 것은 분명 큰 변화다. 스스로 느끼게 되는 신체적·정신적 변화도 크지만 주변에서 바라보는 시선과 기대 등의 변화도 적지 않다. 물론 그다지 달갑지 않은 변화가 있을 수도 있다. 하지만 그런 모든 변화를 피하는 것만이 능사는 아닐 것이다. 변화가 찾아왔다면 그 변화를 정면으로 맞아들여야 한다고 생각한다.

생활 환경도 마찬가지다. 젊었을 때의 환경을 그대로 유지하고 사는 것이 반드시 바람직한 일은 아니다. 젊었을 때와는 생활 방식이나 태도 등 모든 것이 달라지는데 환경을 그대로 유지하기를 고집한다는 것은 어쩌면 나이 듦을 부정하고 싶은 마음 때문인지도 모른다. 그런데 이왕 변화를 맞이할 바에야 나만의 스타일로 나만의 공간을 꾸미는 게 낫다.

아무리 생각해도 좋은 아이디어가 떠오르지 않을 때 환경을 바꿔 보라는 얘기를 한다. 다른 환경으로 바꿀 형편이 안 된다면 하다못해 있는 자리에서 물구나무서기라도 하면 늘 바로 보이던 세상이 거꾸로 보이면서 새로운 발상을 하게 된다는 것이다. 그만큼 우리 인간은 환경의 지배를 강하게 받는 동물이다. 환경이 바뀌면 분명 앞으로의 삶에 대한 새로운 방향도 보일 것이다.

80년 만에 거의 처음 가진 나만의 공간. 내 힘으로, 내 생각대로 만든 나만의 소중한 공간! 그 안에서의 새로운 생활이 더욱 기대되는 이유도 바로 그것이다.

나를 내버려 두는 시간

"박사님은 여가 시간에 주로 무엇을 하세요?"

자주 받는 질문 중에 나를 당황하게 하는 것이다. 사실 여가 시간을 가져 본 적이 별로 없어서 그 시간을 뭘 하며 보내야 할지에 대해서도 딱히 생각해 본 적이 없기 때문이다. 그리고 특별한 뭔가를 할 수 있을 만큼 긴 여가 시간이 주어진 적도 거의 없었다.

그래도 잠깐 여유가 생겼을 때는 주로 영화를 본다. 세계 각국의 문화나 역사가 스토리 속에 녹아 있는 영화를 몰입해서 보는 편이지만, 깊이 생각하지 않고 가벼운 마음으로 볼 수 있는 영화도 가끔 본다.

최근에는 드라마를 보는 것도 여가 시간을 보내는 방법 중 하나다. 특히 〈대장금〉이나 〈주몽〉 같은 사극은 재미도 있고 역사적 사실을 재구성한 새로운 발상이 흥미롭게 느껴져서 기다렸다가 보기까지 한다.

요즘 사극은 실제 역사에서는 비중 있게 다루어지지 않던 여성을 새로운 캐릭터로 부각시키기도 하고, 당시의 사회 구조를 다른 방향에서 해석하기도 해서 비교문화학자인 나를 흥미롭게 한다.

드라마가 끝난 다음에는 역사적 사실을 들추어 확인도 해 보고 더 깊이 조사해 보기도 한다. 또 현대적 감각으로 재해석된 의상 스타일은 한국 문화를 서구 사회에 심기 위한 나의 다양한 시도에 새로운 영감을 불러일으키기도 한다.

왜 진작 이런 즐거움을 몰랐을까

사실 내가 드라마나 영화를 보는 시간은 나를 '내버려 두는 시간'이다. 컴퓨터로 치자면 과열된 상태를 식히기 위해 잠시 꺼 두는 것과 비슷하다. 솔직히 젊었을 때는 이런 시간이 필요하다는 생각조차 하지 못하고 지냈다. 하지만 나이가 들면서 '내버려 두는 시간'의 필요성이 저절로 느껴졌다.

예전에는 몇 시간이고 며칠이고 쉬지 않고 책을 읽을 수 있었다. 오히려 책만 읽을 수 있는 시간이 그리 많지 않은 게 늘 불만이고 아쉬움이었다. 그런데 어느 순간부터 30분 이상 지속해서 책을 읽는 일이 쉽지 않아졌다. 나이가 드니 시력에도 노화가 찾아온 것이다.

처음에는 몹시 실망했지만, 30분 남짓 책을 읽고 나면 안약도 넣을 겸 눈을 돌려 잠시 쉬기도 하는 등 쉬엄쉬엄 책을 읽는 일에 조금씩 익숙해졌다. 그렇게 10년 넘는 세월이 흐르고 나니 이제는 아직도 책을 읽을 수 있도록 시력이 허락된 것에 감사하게 된다.

어떤 사람도 늘 팽팽하게 당겨진 실처럼 긴장을 늦추지 않고 살아갈 수는 없다. 계속해서 그렇게 팽팽한 긴장 속에 있다 보면 별것 아닌 충격에도 툭 하고 끊어지게 마련이다. 그렇기 때문에 잠시 긴장을 늦추고 내버려 두는 시간이 필요한 것이다.

그런데 그 내버려 두는 시간이 그저 느슨해지기만 하는 데 그치지 않고 고무줄과 같은 탄력을 가질 수 있는 시간이 된다면 더욱 좋을 것이다.

영화나 드라마 속 한 장면이나 인물을 보면서 새로운 아이디어를 떠올리기도 하고 색다른 영감을 받기도 하지만, 대부분은 아무 생각 없이 머리를 비우고 마음을 편안하게 한 상태에서 보는 편이다.

그래서 보고 있는 영화나 드라마가 별로 재미없을 때는 잠시 다른 생각을 하기도 하는데, 골몰하고 있을 때는 좀처럼 풀리지 않던 생각의 실마리가 스르륵 풀리는 의외의 성과를 보는 경우도 있다.

그런가 하면 아무 생각 없이 보던 드라마나 영화에서 새로운 아이디어를 얻게 되는 기쁨을 맛보기도 한다. 특히나 창의적인 생각과 무한한 상상력으로 예술적 경지에까지 이른 작품을 보고 있노라면 내 머릿속에서도 새로운 생각이 샘솟듯이 솟아난다. 몸과 마음을 편히 쉬게 하면서 정보와 아이디어를 얻을 수 있으니 이보다 더 좋은 여가 활동도 없다는 생각이 든다.

휘트니 센터에 와서 생활한 뒤로는 센터 내에서 이루어지는 다양한 여가 활동 프로그램과 교육 프로그램을 적극적으로 활용하는 편이다. 영화 상영회나 음악 감상회에는 빠지지 않고 나가고 있으며 미술사 강의도 즐겨 듣는다. 최근에는 다양한 생각을 가진 사람들과의 대화와 토론 프로그램에도 상당한 흥미를 느끼며 참여하고 있는데 나와 다른 생각, 내가 미처 경험하지 못한 것에 대한 이야기를 듣는 일만큼 흥미진진한 자극도 없다.

여가를 통해 다양한 경험을 하고 자극을 받는 일에 푹 빠져 있는 요즘 나는 왜 진작 이런 즐거움을 몰랐을까 하는 생각이 들 정도다.

  그저 아무것도 하지 않기 위해 내버려 두는 시간을 가지라는 것은 아니다. 내버려 두는 시간을 통해 인생을 더욱 풍요롭게 할 수 있는 또 하나의 시선을 열어 두자는 것이다. 그리고 그 시선은 나이가 듦에 따라 더욱 광범위해질 수 있기에 더욱 요긴하게 사용될 수 있다.

목적을 가지고
몰입할 수 있는 취미

　남편을 떠나보내고 난 뒤 일본에 객원 교수로 갈 기회가 생겼다. 꽤 오랜 시간 일본에 머무르게 되었는데, 나에게 주어진 이 소중한 시간에 뭐가 할 만한 일이 없을까 곰곰이 생각해 보았다. 그러다 문득 오래전부터 관심을 가지고 있던 그림을 배워 봐야겠다는 생각이 들었다. 기왕에 일본에 와 있으니 평소 배우고 싶던 수묵 채색화를 배워 보기로 마음먹었다.
　그래서 여러 곳을 수소문해 적당한 선생님을 찾아보았지만 쉽게 찾을 수 없었다. 한동안 선생님을 찾느라 시간을 보내고 있었는데, 어느 날 국립민족학박물관에서 꽤 근사한 수

묵 채색화가 그려진 셔츠를 입은 여성을 만나게 되었다. 너무나 반가운 나머지 초면에 실례를 무릅쓰고 그 여성에게 셔츠를 어디에서 샀는지, 셔츠 그림을 누가 그린 것인지를 물어보았다. 마침 그 여성의 할머니가 그림을 배우고 있었는데, 그 셔츠는 염색 공예를 하는 그림 선생님의 남편이 만든 것이라고 알려 주었다.

 나는 그 여성의 소개로 그들 부부를 만나게 되었다. 그들은 내게 왜 그림을 배우려 하느냐 물었다. 나는 미국과 동양의 문화 교류 방법을 연구하는 비교문화학자인데, 언어로는 한계가 있는 것 같아 그림을 통해 새로운 방법을 깨우치고 싶다고 말했다. 내 말을 들은 염색 공예가 남편은 깜짝 놀라며 자신도 귀화한 한국인이라면서 아내의 스승인 화가를 소개해 주었다.

 그렇게 어렵사리 만난 화가에게 나는 매주 일요일 네 시간씩 지도를 받았다. 관심만 가지고 있었을 뿐 한 번도 정식으로 그림을 배워 본 적이 없기에 처음에는 마음처럼 잘 그려지지 않았다. 하지만 선생님의 지도대로 열심히 따라 하니 곧 붓이 내 말을 듣기 시작했고, 그림도 어느 정도 마음에 들게 그려졌다.

 선생님도 내가 비교문화를 공부하는 학자라서 그런지 사물을 직관적으로 보고 새롭게 해석해 그리는 안목이 있다며 칭찬해 주었고, 학자를 가르치는 일이 흥미롭다고 했다. 나도 마치 어린 학생이 된 것처럼 선생님의 칭찬이 마냥 즐거웠고 더욱 신이 나 그림을 열심히 그렸다. 열심히 그린 만큼 실력도 나날이 늘었다.

그림을 그릴 수 있는 소재는 다양하지만 나는 늘 한 나라의 문화를 보여 줄 수 있는 것을 우선적으로 그리려고 했다. 미국 대학의 상징이자 뉴헤이븐의 랜드마크인 예일 대학교, 미국 노예 해방을 상징하는 선박, 한국 전통 의상을 차려입은 사람들 등 내가 보고 느낀 여러 나라의 문화를 내 그림에 담기 위해 부족한 솜씨지만 노력을 기울였다.

세상을 바라보는 또 다른 눈

그림을 배우기 시작한 후 내 주변의 모든 사물은 그 전과는 또다른 모습으로 받아들여졌다. 사물의 색깔도 이전과는 달라 보이고, 똑같다거나 비슷하다고 생각한 많은 것이 저마다의 특성을 가지고 있다는 것도 알게 되었다. 문화를 이해시킬 수 있는 언어 외의 표현 수단을 갖고 싶어 시작한 그림이 나에게 세상을 바라보는 또 다른 눈을 뜨게 해 준 것이다.

그렇게 그림에 몰입해 있던 어느 날, 국제문화연구소에서 미술사를 강의하는 분이 내 그림을 보고 전시회를 해 보는 게 어떻겠느냐고 했다. 나는 아마추어의 그림으로 무슨 전시회를 하느냐고 했지만 그분은 사물을 바라보는 시선이 여간 새로운 것이 아니라며 꼭 전시회를 했으면 좋겠다고 했다.

그렇게 나는 뜻하지 않게 그림 전시회를 열게 되었다. 처음부터 전시회를 열겠다거나 정식 화가로 데뷔하겠다는 생각으로 그림을 시작한 것은 아니었다. 하지만 회화를 통해 언어적 표현의 한계를 뛰어넘어 한국 문화를 조금이라도 더 알리고자 했던 나의 뚜렷한 목적의식이 의외의 결과를 이끌어 내지 않았나 싶다.

나에게 훌륭한 그림 선생님을 소개시켜 준 한국인 염색 공예가도, 전시회를 해 보라고 권유한 분도 취미로 뭔가를 시작하면서 이런 뚜렷한 목표를 가진 사람은 처음 보았다며 혀를 내둘렀다.

많은 사람의 도움을 받아 연 전시회 결과도 기대 이상이었다. 내 그림에 대한 반응도 좋았지만 전시회를 시작하던 날 내가 준비한 음식이 또 화제가 되었다. 쇠고기전과 송이버섯전, 오이소박이와 잡채 등을 먹으며 한국적 정취가 물씬 풍겨 나는 그림을 감상한 느낌이 오래도록 뇌리에 남았다고 말하는 사람도 많았다.

한국도, 미국도 아닌 일본에서 열린 전시회였는데도 불구하고 상당히 많은 사람이 그림을 보러 와 주었다. 마침 교환 교수로 와 있던 고려대 김춘미 교수의 주선으로 한국의 인사동에서도 전시회를 열 수 있었는데 한국에서의 호응 또한 대단했다.

그런데 두 나라에서의 전시회를 통해 알게 된 재미있는 사실은 내가 그린 같은 그림들을 두고 선호하는 그림이 달랐다는 것이다. 서구 문화를 동경하는 일본인들은 예일 대 부근을 그린 풍경화를 좋아했고, 우리나라 사람들은 역시 한국의 풍속을 그린 그림을 더 좋아했다. 언어를 통해 이해한 두 나라의 문화적 차이를 그림 한 장으로 확연히 알게 된 것이다.

그래서 나는 요즘 내 그림을 강연에 적극 활용하고 있다. 한번은 큰아들 경주가 한국 문화와 암 예방을 주제로 한 학회에서 강연을 맡게 되었는데, 한국 문화에 대한 강연을 나에게 맡아 달라고 의뢰해서 함께 학회에 참여하게 되었다. 나는 강연을 하면서 한국 문화의 특성을 내 그림을 통해 설명했다.

결과는 매우 성공적이었다. 학회에 참석한 많은 사람이 그림이 인상적이라 강연 내내 한순간도 다른 생각을 할 수가 없었다며 극찬했다. 그래서 2년 후에 또다시 초청을 받아 강연을 하게 되었고, 과거의 소문을 들은 많은 사람이 찾아와 주기도 했다.

그 후부터 나는 내 그림을 강연이나 연구에 더욱 적극적으로 활용하고 있다. 취미로 시작한 일에서 사람들의 인정을 받는 것도 즐겁고, 또 그 취미가 내 일에 도움을 주기까지 하니 더욱 보람이 있다고 느껴진다.

설령 나에게 직접적이고 구체적인 도움을 주는 일이 아니더라도 즐겁게 몰입할 수 있는 취미를 갖는 것은 좋은 일이다. 어떤 일이든 즐겁게 몰입해서 하면 그만큼 더 잘할 수 있는 것은 당연하다. 그리고 잘할 수 있다는 자신감이 바탕이 되면 그 일을 통해 새로운 일을 모색하게 된다. 삶이 훨씬 풍요로워지고, 나이가 들어 취미 생활을 시작할 만큼 여유로워진 것을 감사하게 된다.

죽음도 계획할 수 있어야 한다

　사람이 이 세상에 태어나서 어떻게 살다가 언제 어떻게 죽음을 맞이할지 미리 알 수 있다면 얼마나 좋을까 생각하는 사람들이 있다. 마치 미리 녹화된 영상을 빨리 돌려 보듯 인생의 시작과 끝을 미리 볼 수 있다면 안달복달하지 않고 살 수 있을 것이라는 기대에서 나온 생각일 것이다.
　하지만 정말 그럴 수 있다면 인생은 참 무료하고 따분할 것이다. 어떤 사건이 생겨도 그 결과를 뻔히 알고 있으니 크게 놀라지 않을 것이고, 좋은 일이 생겨도 당연하게 여기며 기뻐하지도 않을 것이다. 그렇지만 언제 어떻게 인생의 마지막을 맞이하게 될 것인지만큼은 조금 앞서서 알 수 있었으면 하는 마음이 나에게도 있다.

그것이 불가능하기 때문에 우리가 해야 할 일 중 하나가 바로 죽음을 계획하는 것이다. 죽음을 맞이하는 시기와 방법은 인간의 영역이 아니기 때문에 함부로 계획할 수가 없다. 하지만 내 죽음 이후의 일은 얼마든 미리 계획해 둘 수 있다.

죽음을 맞이하는 자세

요즘 젊은 사람들 사이에서는 웰빙(Well-being)에 이어 웰다잉(Well-dying)에 대한 관심이 크게 늘고 있는 추세라고 한다. 실제로 한 종교 단체에서는 죽음을 체험하기 위해 관에 들어가 누워도 보고, 자기가 정한 프로그램대로 자신의 장례식을 치러 본다고도 한다.

하지만 참으로 아이러니하게도 정작 자신의 죽음과 장례식에 대해 진지하게 생각해 볼 나이가 돼서는 그 사실을 외면하게 된다. 더 이상 먼 미래의 일이 아니라 눈앞에 닥친 일이라 생각하니 두려워지는 모양이다. 두려움 때문에 외면한다고 해서 막을 수 있는 일이 아닌데도 말이다.

큰 의미에서 볼 때 삶의 다운사이징 또한 죽음에 대한 준비다. 나이 든 사람일수록 건강하다가도 갑자기 쓰러져 그

길로 세상을 떠나게 되는 경우가 많다. 나 죽으면 모든 게 끝인데 무슨 상관이랴 생각한다면 할 말이 없지만 그렇게 아무런 정리도 하지 못하고 세상을 떠나 버리면 내보이고 싶지 않은 모습까지 다 보이게 될지도 모르고, 또 나를 대신해서 그 모든 것을 정리할 누군가에게 영원히 갚을 수 없는 신세를 지는 꼴이 되고 만다.

 남편이 떠난 직후부터 삶의 다운사이징을 생각했고, 2009년에 비로소 휘트니 센터로 이사를 했으니 나는 20년에 걸쳐 삶을 다운사이징 해 온 것이다. 그리고 이곳으로 온 이후에도 내 삶의 다운사이징은 계속되고 있다. 당장 필요가 없는 물건을 언젠가 쓰일 때가 있겠지 하는 마음으로 묵혀 두지 않는다. 지금 당장 필요한 사람에게 나누어 줘 요긴하게 쓰이게 하는 것도 이만큼 나이 든 내가 이 세상을 위해 할 수 있는 일이라고 생각하기 때문이다.

 얼마 되지는 않지만 내 수입과 지출을 스스로 관리하는 것도 죽음에 대한 계획 중 하나다. 복잡한 법을 적용하지 않아도 될 만큼 남겨 줄 재산이 없어 다행스럽긴 하지만 내가 살다 간 흔적만큼은 누군가가 처리를 해 주어야 할 것이다. 그래서 나는 지금부터 조금씩 내가 남긴 것을 어떻게 처분하고 누구에게 남겨 줄 것인지에 대해 계획을 세운다.

 그리고 가장 중요한 하나는 내가 죽음을 맞이한 직후의 일을 계획하는 것이다. 남편은 매사에 준비성이 뛰어난 사람이었다. 우리 부부는 신혼 초에 한국 사람이 미국에서 응급 수술을 받고 영영 수술대에서 일어나지 못해 불귀의 객이 되는 과정을 지켜본 적이 있다.

전쟁 중인 고국의 가족들과는 연락이 닿지 않았고 마침 한국 영사관도 없는 보스턴에서 생긴 일이라 시신을 인도하고 장례를 치르기까지 몹시 힘든 과정을 겪어야 했다. 그러면서 우리는 미국에서 소수 민족은 마음대로 죽을 수도 없다며 한탄을 했다. 그 충격적인 경험 때문인지 남편은 집도 차도 없던 시절 묘지부터 사 두었다.

그런 남편이 세상을 떠난 다음 장례를 치르고 나서 나는 그 묘지에 세울 비석을 준비해야 했다. 언젠가는 그 옆에 나도 묻히게 될 터라 이참에 내 비문까지도 준비하자고 생각했다. 사소한 것 하나까지 사회학적으로 생각하는 것이 몸에 배어 비문을 만들기까지 오랜 준비와 조사가 필요했다. 보스턴에 있는 공원묘지에 가서 남의 비문까지 조사했다.

그리고 함께 새겨질 가족들에 대한 소개는 아이들과 함께 상의하기로 했다. 처음에는 별 관심 없다는 듯 시큰둥하던 아이들도 얼추 완성된 비문을 보더니 진지하게 의논하고 생각하기 시작했다. 남편과 나의 집안 내력을 알 수 있도록 잘 정리해 넣고, 한국을 상징하는 태극 문양도 함께 새기기로 했다. 미국에 와서 일가를 이루고 살아간 한국인 집안의 뿌리와 역사를 한눈에 볼 수 있도록 하자는 취지에서였다.

비석을 세우면서 나는 남편의 묘에 잘 어울릴 만한 나무를 한 그루 심기로 했다. 남편의 기일이 9월 어느 날이니, 그 무렵 꽃이 피는 나무라면 좋겠다고 생각해 여기저기 수소문을 해서 구했다.

내가 꿈꾸는 나의 장례식

그렇게 남편을 보낸 다음부터 나는 나의 죽음에 대한 구체적인 계획을 세우고 있다. 유언장을 만들고, 긴 여행을 떠날 때는 그 유언장을 잘 찾을 수 있는 곳에 두고 간다.

그리고 장례식에 대한 구상도 해 본다. 우리 가족 모두 크리스천이기는 하지만 지나치게 종교적이지 않았으면 하는 생각이고, 무엇보다 소박하고 간단했으면 한다. 가족들 모두 너무 슬퍼하지 말고, 장례식에 참석한 이들도 모두 기쁜 마음으로 나를 추억하고 보내 주었으면 한다. 흐느껴 울기보다는 내가 생전에 한 많은 일의 의미를 이야기하고, 의미 있는 한평생을 살다가 간 것을 칭찬하고 부러워해 주었으면 하는 것이 가장 큰 바람이다.

또 한 가지 바람이 있다면 나는 죽음을 맞이하는 순간까지 변함없이 내가 하던 일을 하며 지낼 수 있었으면 한다. 다시 말해 나는 지금 당장 죽음을 맞는다 해도 크게 아쉬울 것이 없다. 일생을 보람되게 보냈고, 사랑하는 사람들에게 베풀며 지내 왔기 때문이다. 한국 땅이 아닌 타지에서도 수많은 일을 극복하며 내게 주어진 시간을 소중하게 보냈다는 사실이 자랑스럽고 또 감사하다.

요즘도 여유가 생기면 내 장례식에 대해 한두 가지 생각을 더 해 둔다. 그러고 나면 내가 꿈꾸는 장례식을 하기 위해 오늘도 열심히 살아야겠다는 의지가 새롭게 생기곤 한다.

우리나라에서는 윤년에 수의를 장만하는 풍습이 있다. 윤년을 맞아 부모가 건강할 때 수의를 미리 장만해 두면 장수한다는 믿음은 오늘날까지 이어져 요즘도 윤년이 되면 그 업계가 대목을 맞는다고 한다. 이 역시 죽음을 미리 계획한 우리 조상들의 지혜가 아니었을까 생각한다.

나의 가치가
세상의 가치를 높인다

2009년에 동암문화연구소와 협력 관계에 있는 성신여대와 일본 국립민족학박물관, 그리고 미국의 파슨스디자인스쿨과 함께 서울에서 국제 학술 회의를 열었다. 그 전해 봄에 뉴헤이븐에서 개최한 패션쇼는 미국인 소녀들이 직접 한국 전통 복식과 접목해 재봉한 퓨전 스타일의 티셔츠와 청바지를 선보여 엄청난 호응을 얻었다.

세미나를 성공리에 마치면서 내가 처음 비교문화학자로서 일을 시작한 때를 다시 한 번 떠올리지 않을 수 없었다. 미국에서 소수인으로, 그것도 여성으로 살아간다는 것 자체가 녹록지 않던 시절이었다.

당시에는 미국에도 결혼한 여자가, 그것도 아이를 여섯이나 둔 여자가 일을 하고 있다는 것에 대해 모성애가 부족한 사람이 아니라면 커리어에 욕망이 지나친 사람이라 대놓고 빈정대는 사람들이 있었다. 나에게는 모든 것이 배타적이었고 불리했다.

다시 생각해 보아도 어느 것 하나 쉽게 이루어지지 않던 힘든 시절이었다. 내가 시도하는 모든 일은 거의 다 최초가 되었다. 한자, 한글 등 비(非)로마자 문화 정보를 전산화하는 일조차 아무도 반가워하지 않았다. 동양 문화 자체에 관심이 없는 서양인들에게 그 필요성을 인식시키기란 결코 쉬운 일이 아니었다. 무던히도 힘든 시간의 연속이었다.

하지만 그 힘든 시간을 견딜 수 있던 이유는 눈앞에 보이는 길뿐만 아니라 좀 더 먼 미래의 길까지 내다볼 수 있었기 때문이다. 어떻게 해서든 미국 사회에, 나아가 세계 무대에 한국 문화를 제대로 알림으로써 동서양 문화 교류의 진정한 물꼬를 트고야 말겠다는 것이 당시 내가 내다본 미래의 길이었다.

나는 지금까지 미국에서 한국 여성인 나를 무시하고 내 모성애나 커리어를 부정하던 이들의 코를 납작하게 해 주겠다는 개인적인 욕심으로 공부를 해 온 것이 아니다. 물론 지금 내가 견디고 있는 이 힘든 시간이 언젠가는 반드시 선구자라는 자부심을 느낄 수 있도록 해 줄 것이라는 확신은 있었다. 하지만 그보다는 누군가 하루라도 빨리 해야만 할 일이라는 사명감이 더 앞섰다. 이것이 오늘의 나를 있게 한 가장 큰 힘이다.

뿌리를 잃지 않으며 열매를 맺는 나무

이제 나의 뒤를 따르는 후배들은 최소한 나보다는 쉽게 이 길을 갈 수 있을 것이다. 그리고 나보다 훨씬 더 먼 미래까지 내다볼 수 있는 여유와 안목을 가질 수도 있을 것이다. 그래서 나는 내가 지금까지 깨닫고 발견한 모든 것을 디지털 데이터화해 빠짐없이 남겨 주고자 한다. 내가 정리한 데이터를 바탕으로 후배들이 좀 더 발전적인 연구와 사회 운동을 할 수 있도록 하는 것이 내게 남은 소명이라고 생각한다. 그 소명을 위해 마지막까지 동암문화연구소와 함께할 것이다.

나는 가치 있는 삶이란 뿌리를 잃지 않으면서 열매를 맺는 나무와 같은 삶이라고 생각한다. 동암문화연구소는 그런 뿌리에서 나온 열매다.

나는 가치 있는 삶은 세상이라는 거대한 수레바퀴의 동력이 되는 것이라 말하고 싶다. 내가 세상을 모두 안다고 말할 수는 없지만 세상은 인권 문제와 같은 면에서는 예전보다 조금씩 나아지고 있다는 사실은 분명히 알고 있다.

 세상을 움직이고 바꾸는 사람들이 있다. 우리는 그런 사람들을 영웅이라 부르기도 하고 위인이라 부르며 추앙하기도 한다. 지금 이 순간에도 많은 살아 있는 영웅과 위인이 있다. 그리고 그들을 돕는 많은 사람과 그들을 지지하는 많은 사람이 있다. 모두가 세상이라는, 역사라는 거대한 수레바퀴를 돌리는 동력이 되는 사람들이다. 우리는 모두 그런 사람이어야 한다.

 물레방아에 세찬 물살이 쏟아지면 그 무게에 못 이겨 물레가 돌아가고, 그 회전력으로 방아가 곡식을 찧는다. 물레 위로 시원하게 쏟아지는 물을 자세히 관찰해 보면 수만 개의 물줄기로 이루어져 있음을 알 수 있다.

 나는 그것을 바라보면서 나의 삶도 세상이라는 거대한 물레를 돌리는 세찬 물줄기 중 한 줄기이고 싶다는 생각을 했다. 그 한 줄기 한 줄기가 모여 센 물살이 되는 것처럼 우리 각자의 삶도 모이고 모여 세상을 움직이는 거대한 물줄기가 되는 것이라 믿고 싶다.

 '나는 연약한 여자라서 안 돼', '나는 유약한 학자라서 안 돼' 라고 생각하면 아무것도 할 수 없다. 나의 가치가 내가 사는 세상의 가치를 높이는 소중한 에너지가 된다는 사실을 한

순간도 잊어서는 안 된다.

영웅이 아니어도 좋다. 위인이 아니어도 좋다. 자신이 있는 자리에서 자기에게 주어진 역할을 충실히 하며 세상을 움직이는 거대한 수레바퀴가 앞으로 나아가도록 미약하나마 힘을 보탤 수 있다면 그것으로 충분히 가치 있는 삶을 사는 것이다. 정치가는 정치가로서, 기업가는 기업가로서, 학자는 학자로서, 또 어떤 직업인으로서 우리는 저마다 세상을 움직이는 수레바퀴에 동력을 전달하는 에너지가 되어야 한다. 그것이 이 세상을 살다 가는 증거이며 보람인 것이다.

아무리 하찮은 일이라도 우리가 사회의 한 구성원으로서 하고 있는 일은 세상이라는 거대한 수레바퀴를 돌리는 동력이 된다.

한 사람 한 사람의 힘이 모두 같은 방향을 향하고 있기란 현실적으로 불가능하겠지만 대체로 같은 방향을 향할 때 거대한 수레바퀴는 움직이기 시작할 것이다. 반대로 모두의 힘이 제각기 다른 방향을 향하고 있다면, 결국 수레바퀴는 꼼짝도 하지 않을 것이다.

내 뜻과 생각이 무조건 다 옳은 것은 아니다. 그렇다고 무조건 다 틀린 것 또한 아니다. 하지만 나의 뜻과 생각이 세상이라는 거대한 수레가 가고자 하는 방향과 맞는지 틀리는지, 대체로 일치하는지 혹은 정반대 방향을 향해 가고 있는지는 늘 확인해 보아야 한다.

그리고 나와는 생각이 다른 사람이라 할지라도 그의 생각이 수레의 방향과 동일선상에 놓여 있다면 함께해 나갈 수 있는 방법을 생각해 보아야 한다. 물론 수레가 나아갈 방향과 일치하는 일이라고 해서, 공공의 이익과 목표에 부합하는 일이라고 해서 늘 순조로운 것만은 아니다.

어릴 때부터 '세상의 빛과 소금이 되라'는 말을 들어 왔을 것이다. 세상의 어둠을 밝히는 빛이 되라는 것은 잘 알지만, 소금이 되라는 것은 무슨 뜻인지 모르는 사람이 의외로 많다. 소금은 음식 맛을 내는 데도 쓰이지만, 부패를 막는 데도 사용된다. 소금이 되라는 말은 세상이 더 이상 부패하지 않도록 방부제 역할을 해야 한다는 의미로도 해석할 수 있다. 소금 같은 사람이, 그런 가치를 지닌 삶이 많으면 많을수록 세상은 더욱 투명해질 것이다.

내 인생의 사과나무

'오늘 세계가 멸망한다 하더라도 나는 내일을 위해 한 그루의 사과나무를 심겠다.'

이렇게 말한 스피노자처럼 나 역시 내 삶이 끝나는 그 순간까지 서구 사회에 한국 문화와 한국인의 우수성을 널리 알릴 수 있는 사과나무를 심을 것이다. 그리고 그 사과나무를 심을 텃밭은 동암문화연구소다.

늘 무언가를 계획하고 그것을 달성하기 위해 끊임없이 노력하며 사는 것이 몸에 밴 나와 남편에게는 특별한 목표가 하나 있었다. 그것은 바로 '이민박물관'을 짓는 일이었다. 그리고 남편이 세상을 떠나고 난 지금 그것은 나의 특별한 목표로 남아 있다.

요즘은 세계 어느 나라를 가든 다양한 민족들이 분포해 살고 있다. 순혈주의를 강조하며 단일민족이라는 자부심을 강조하던 우리나라도 다문화 가정이 날로 증가해 다문화 가정을 위한 특별 법률이 제정될 정도에 이르고 있다. 또한 국제결혼 비율도 늘어 열 쌍 중 한 쌍 이상이 국제결혼을 한다고 한다. 이러한 상황에서 다문화에 대한 지식은 이제 글로벌 시대를 살아가는 사람이라면 누구나 갖추어야 할 기본 상식과 교양이 되었다.

그래서 미국에서 소수 민족으로 살면서 절실하던 마음을 담아 2008년부터 이민박물관 설립을 추진하고 있다. 1948년 미국으로 건너올 때 가지고 와 지금까지 내가 소장하고 있는 여러 생활 문화재는 국내에서는 이미 소실된 것도 많다. 전쟁으로 인한 소실이 원인이기도 하지만 이민자들이기 때문에 고국에 대한 향수로 어느 것 하나 함부로 버릴 수 없던 탓에 지금까지 보존하는 것이 꽤 있는 것으로 안다. 나와 뜻을 함께하는 많은 사람들의 도움으로 언젠가는 이민박물관을 세울 날이 올 것이라고 생각한다. 2007년부터는 성신여대 심화진 총장의 도움으로 이를 위한 발판을 공고히 하고 있다.

내가 생각하는 이민박물관은 웅장하거나 거창한 공간이 아니다. 누구든지 필요할 때마다 구경하고 자료를 구할 수 있는 온라인 상의 이민 박물관 형태로, 다문화에 관심을 가진 모든 사람에게 도움을 줄 수 있도록 만들 것이다.

내 인생의 두 가지 목표

나는 이 세상에 남기고 싶은 몇 가지가 있다. 나의 노년을 설계하면서 새롭게 구성한 내 인생의 로드맵에는 두 가지 새로운 목표가 세워졌다. 그리고 나는 이 두 가지 목표를 통해 일생 동안 해 온 연구의 성과를 확인해 보고자 한다.

첫 번째 목표는 휘트니 센터와 예일 간호대, 그리고 성신여대와 함께 한국형 노인 복지 시설 설립에 도움을 주는 일이다. 내가 휘트니 센터에 살면서 느끼고 경험한 미국 노인 복지 문화의 장점을 한국 사회에 적용할 수 있도록 돕고 싶다.

이는 지난 50년 동안 동암문화연구소가 연구한 한국인의 정체성과 한국 문화의 특성, 글로벌 리더십을 좀 더 발전시켜 이제는 더 많은 사람, 더 다양한 문화 속에서 구체적인 성과를 낼 수 있는 일을 도모하고 싶다는 생각을 하던 중에 떠오른 아이디어다.

고령화 사회로 접어들면서 미국이나 한국이나 할 것 없이 가장 큰 관심사는 역시 노인 문제다. 그런데 이것이야말로 사람들이 미처 깨닫지 못한 다문화의 보고라는 생각을 하게 된 것이다. 나 역시 당사자로서 가장 큰 관심을 가지고 있는 터라 조금이라도 힘을 보태 보고자 노력하는 중이다.

미국의 노인 복지 시설을 이용하고 있는 한국 사람으로서 한국의 노인 복지 문화를 발전시키고자 하는 사람들에게 어떤 형태로든 도움이 되고 싶다. 또한 반만 년 역사 동안 면면이 지켜 온 우수한 한국 문화의 일면으로 노인을 공경하는 문화를 서구 사회에 널리 알리고 싶기도 하다.

그리고 두 번째 목표는 동암문화연구소와 미국에서 가장 역사가 긴 패션스쿨로 알려진 파슨스디자인스쿨, 그리고 성신여대와 함께 한국 문화를 알릴 수 있는 의류 스타일을 만드는 것인데, 대부분의 사람이 관심을 가질 수 있는 패션을 통해 한국 문화의 아름다움을 알려 나가고자 하는 취지에서다. 8월 말 일본 오사카 국립 민족학 박물관에서 바로 이 프로젝트의 일환으로 제2국제회의를 열었고, 40주년 월드 엑스포 기념 행사 중 하나로 이 프로젝트가 포함된다. 더불어 2011년 가을에는 뉴욕에서 파슨스디자인스쿨과 동암문화연구소의 주최로 성신여대와 협조해 제3국제회의를 준비중이다.

모든 삶에는 그 시작이 있던 것처럼 끝이 있게 마련이다. 앞으로도 10년을 지난 10년처럼 변함없이 살겠노라 다짐하지만 나에게 남은 삶이 얼마나 되는지는 아무도 모른다. 하지만 내가 확실히 말할 수 있는 것은 나는 그 끝을 맞이하는 순간까지 할 수 있는 한 최선을 다할 것이라는 사실이다.

삶이 다했을 때 '당신이 이 세상에 다녀가서 다행이다'는 말을 들을 수 있다면 그것만큼 가치 있는 삶은 없을 것이다. 부디 내가 지금껏 살면서 깨달은 크고 작은 교훈들을 통해 지금까지 어떻게 살아왔는지, 또 앞으로 어떻게 살아갈 것인가에 대한 고민을 거듭해 온 사람들에게 조금이나마 도움이 되었으면 하는 바람이다.

Chapter Six

가치 있게 나이듦을
즐기는 사람들

휘트니 센터에서의 노년을 계획하게 된 가장 큰 이유는
이곳은 단지 나이 든 사람들이 안락하고 편안하게 쉬면서
보내는 생활을 도와주는 곳이 아니기 때문이었다.
휘트니 센터에서 살고 있는 많은 사람은
실제로 뭔가 새로운 것을 배우고, 또 사회적으로
도움을 줄 수 있다는 매력 때문에 이곳에 왔다고 한다.

노인들에 의해 운영되는
또 하나의 사회

　미국의 노인 복지 문화 역사는 우리나라와 비교할 수 없을 만큼 길다. 미국은 내가 생활하고 있는 휘트니 센터와 같은 사설 노인 복지 시설에서부터 사회적 보장 제도에 이르기까지 시설이나 정책적인 면에서 현재의 우리나라보다는 몇 발짝 앞서 있는 것이 부인할 수 없는 사실이다.
　내가 휘트니 센터에서의 노년을 계획하게 된 가장 큰 이유는 이곳은 단지 나이 든 사람들이 안락하고 편안하게 쉬면서 보내는 생활을 도와주는 곳이 아니기 때문이었다. 휘트니 센터에서 살고 있는 많은 사람은 실제로 뭔가 새로운 것을 배우고, 또 사회적으로 도움을 줄 수 있다는 매력 때문에 이곳에 왔다고 한다.

그들이 도움을 줄 수 있는 사회란, 휘트니 센터 내에서 운영되는 작은 동호회를 비롯해 휘트니 센터와 지역 사회를 포함하고 있으며, 나아가 미국 전체와 전 세계로까지 확장될 수 있다.

휘트니 센터는 노인들을 위해 만들고, 그곳에 입주한 노인들에 의해 운영되는 미국 내 또 하나의 사회임에 틀림없다. 하지만 전체 사회와 고립되어 노인들만의 천국을 만들고 있을 것이라 생각하는 것은 섣부른 추측이다.

휘트니 센터는 입주민과 거의 비슷한 숫자의 직원으로 운영되는데(2010년 7월 현재 입주민 175명에 센터 직원 223명), 직원 중에는 3대에 걸쳐 한집안 식구 모두가 휘트니 센터에서 일하는 사람도 있다.

입주민들이 자발적으로 만든 동호회 중에는 센터 운영에 참여하는 동호회가 있는데, 식당 운영에 관여하는 식사 서비스 동호회, 우수 센터 직원을 선정하고 격려금을 전달하는 우수 직원 장려 동호회, 새로 입주한 이웃의 환영회를 담당하고 친교에 힘쓰는 환영 동호회 등 다양하다.

또한 지역 내외 광고와 새 소식을 전달하는 새 소식 동호회나 친환경 정책을 수립하고 활성화 방안을 모색하는 환경 동호회 등 적극적인 사회 활동을 벌이는 동호회도 있다.

그런가 하면 전직 의사와 간호사로 구성되어 입주민들을 위한 건강 관련 서비스 향상을 도모하는 건강 서비스 동호회, 매주 센터 내 강연 프로그램을 운영하는 강연 동호회 등 자신의 커리어를 최대한 활용해 보다 나은 미래를 만들어 가기 위해 노력하는 동호회도 있다.

그러나 무엇보다 중요한 것은 이들의 모든 활동이 휘트니 센터 내에서의 취미 활동 정도에 그치는 것이 아니라 센터는 물론 지역 사회 및 미국 내에 큰 파급 효과를 미칠 정도로 영향력을 가진다는 것이다.

물론 휘트니 센터가 이런 영향력을 가질 수 있게 된 원천적인 힘은 그곳에서 매사 최선을 다하며 능동적으로 생활하는 입주민들에게서 비롯된다. 하지만 오랜 삶의 경험과 연륜에서 터득한 그들의 지혜를 소중히 여기고 헛되지 않게 하려는 미국 사회의 노력이 반영된 결과이기도 하다.

내가 이 책을 통해 휘트니 센터에서 만난 이웃들과 그들에게 배운 지혜를 계속해서 이야기하는 것은 미국 사회가 얼마나 선진 사회인지를 알려 주고자 함이 결코 아니다. 우리보다 조금 앞선 시설과 정책을 기반으로 여러 가지 방향에서 노인들의 새로운 가능성을 실험해 보고 있는 그들의 노력과 모습을 통해 급속히 늘어 가는 우리나라 노령 인구들의 무한한 잠재력을 가늠해 보고자 함이다.

다양한 경험과 연륜으로 터득한 탁월한 지혜를 가진 노인들에 대해 마음으로 공경하고 진심을 다해 존중하는 마음은 미국보다 우리나라 사람들이 훨씬 더 깊고 강하다. 나이 든 사람에 대해 예의를 갖추고 그들을 섬기려는 마음 또한 서구 어느 선진국에서도 따를 수 없을 것이다. 우리 문화에서 나온 다양한 노인 생활 문화 양식 또한 서구 선진국에 수출하고도 남는다.

그렇기에 나는 이제 명실공히 제2의 고향이라 할 수 있는 미국 휘트니 센터에서의 생활 경험을 토대로 나의 영원한 모국인 한국의 노령 인구 복지 문화 향상에 기여할 방법을 모색해 보고자 한다. 또한 우리의 훌륭한 문화적 유산인 예절 문화, 음식 문화를 기반으로 한 노인 공경 사상과 노인을 위한 보양식 등 우리 전통의 문화를 미국 사회에 널리 전파하고자 한다.

브리지로 소통하는 열린 사회

휘트니 센터에서는 앞서 소개한 몇몇 동호회 외에도 수많은 동호회를 중심으로 다양한 분야, 다양한 방법으로 입주민들의 삶을 풍요롭게 하는 프로그램을 운영하고 있다. 그중에서도 휘트니 센터가 가장 자랑하는 프로그램은 '브리지(Bridge)'라는 것인데, 입주민들과 고등학생들이 정기적으로 모여 대화를 나누는 것이다.

'브리지'라는 말 그대로 세대를 뛰어넘어 사람과 사람 사이에 다리를 놓고 그것을 통해 소통하자는 취지에서 운영되는 이 프로그램은 의외로 입주민보다 아이들에게 반응이 더 좋다.

부모들처럼 다그치지 않고 끝까지 이야기를 들어 주는 이웃 노인들과의 즐거운 만남을 통해 진학과 미래, 교우 관계와 이성 교제, 심지어는 부모님과의 관계에서 오는 고민까지도 상담을 하곤 한다.

고등학생들의 진솔한 이야기를 듣다 보면 때론 하찮은 생각처럼 느껴질 때도 있고 배부른 투정으로 보일 때도 있지만, 많은 나이를 무기 삼아 설교나 잔소리를 하지는 않는다. 오히려 세대를 훌쩍 뛰어넘는 나이 차로 부모 세대들과의 간극을 좁히는 가교 역할을 하기도 한다.

부모나 선생님도 이해하지 못하는 자신들의 고민과 걱정을 자애로운 마음으로 받아들여 주고 진심 어린 충고를 전하는 휘트니 센터 입주민들과의 브리지 프로그램을 통해 어린 고등학생들은 이미 오래전에 미국 사회에서 자취를 감춘 대가족 제도의 이점을 누리게 된다.

그런데 생각해 보면 대가족 제도 안에서 부모와 조부모가 공동으로 자녀를 양육하는 방식이야말로 가장 한국적인 전통이 아닐 수 없다.

생애 최후의 축제가
최고의 축제로

휘트니 센터에서는 이웃들의 장례식이나 추도식에 참석하는 것이 일반화되어 있다. 가까이 지내던 이웃의 죽음을 애도하거나 먼저 세상을 떠난 고인을 추모하기 위한 것이기도 하지만, 누구에게나 닥칠 죽음을 받아들일 수 있도록 마음의 준비 차원이기도 하다. 나 역시 가급적 참석하는 편인데 특히 장례식에서는 참으로 많은 것을 배우고 돌아오게 된다.

장례식은 한 사람의 인생을 요약한다. 함께한 가족과 친지들, 친구들을 통해 그 사람이 어떤 삶을 살았는지, 또 얼마나 의미 있게 살았는지 충분히 짐작할 수가 있다.

얼마 전 휘트니 센터 이웃인 앤의 남편 장례식에 참석하게 되었는데, 그의 장례식 또한 참으로 특별했다. 성대하거나 화려했기 때문이 아니라 고인의 개성이 그대로 느껴져 그를 떠나보내는 자리가 아니라 그가 주최한 파티에 초대된 듯한 기분이 들었다.

장례식에 참석한 사람들이 고인의 모습을 볼 수 있도록 그가 누운 관 주변에 의자를 둥글게 늘어놓았고, 들판에서 막 꺾어 온 듯 싱싱하고 큼직한 야생화로 꽃 장식을 해 놓았다. 자연스럽고 심플한 가운데 평소 기품 있던 고인의 인격과 성품이 느껴졌다.

미망인인 앤 역시 검은 상복 대신 점잖은 푸른색 옷을 입고 있었는데, 힘겨운 투병 생활을 하던 남편이 하늘의 부름을 받고 행복하게 떠났다고 생각해서 하늘을 상징하는 푸른색 옷을 상복으로 선택했다고 한다. 어린 손자 손녀들은 세상을 떠난 할아버지를 위해 연주를 했고, 참석한 자녀들 역시 슬퍼하며 흐느껴 울기보다는 고인을 추억하면서 조용하고 경건한 자세로 명복을 빌었다.

그러나 무엇보다 인상적이던 것은 앤과 결혼하기 전 결혼한 전처가 장례식에 참석해 미망인이 된 앤을 위로하는 모습이었다. 보는 사람들의 마음을 따뜻하게 해 주는 한 장면이었다. 워낙 이혼을 자연스럽게 생각하는 미국이기는 하지만 두 아내가 나란히 앉아 손을 잡고 한 남자의 장례식에 참석한 모습은 생경하면서도 한편으로는 고인의 성품과 삶의 한 단면을 보여 주는 것 같아 더욱 경건한 마음이 들었다.

앤이 남편에게 바치는 시를 읽고 아들 역시 아버지를 보내는 마지막 시를 읊은 다음 참석한 모든 사람이 서로의 어깨에 손을 얹고 기도하는 것으로 장례식은 끝이 났다. 관 주변에 둥글게 모여 앉은 이들이 서로의 마음을 다해 기도하며 고인의 명복을 비는 모습은 마치 감동적인 축제의 마지막 장면 같았다.

우리의 인생은 축제로 시작해 축제로 끝난다 해도 과언이 아니다. 탄생만큼 신비한 축제는 없다. 그래서 해마다 탄생일을 기념해 생일 축제를 벌이는 것이다. 결혼도 축제다. 입학이나 졸업 역시 축제가 아닐 수 없다. 자신의 탄생 축제를 시작으로 우리는 수많은 축제를 보고 경험한다. 내가 축제를 열기도 하고, 다른 사람의 축제에 초대 받는 경우도 많다. 그 수많은 축제를 경험한 끝에 맨 마지막으로 갖는 축제가 바로 장례식이 아닐까?

그렇다면 내 생애 최후의 축제를 최고의 축제로 만들기 위해 나는 지금 무엇을 해야 할까? 내가 휘트니 센터에 들어와 지금까지 생각하고 있는 가장 큰 과제는 바로 이것이다. 그렇다고 성대하고 화려한 장례식을 하겠다는 의미는 아니다. 나는 최대한 간소한 장례식을 원한다. 다만 그 장례식에 참석한 모두가 나를 한평생 보람 있게, 의미 있게 열심히 살다 간 사람으로 기억해 주었으면 하는 바람일 뿐이다.

　죽음을 생각한다는 것은 사실 인생을 정리하는 마지막 절차가 아니다. 물론 어느 정도 나이가 들면 그동안의 삶을 정리하고 일단락 짓는 것도 필요하기는 하다. 하지만 그 정리를 통해 아직 다 하지 못한 일을 찾아 남은 시간 동안 성실히 수행하기 위한 것이라는 전제가 반드시 있어야만 한다.

　죽음은 누구나 언젠가 겪게 될 우리 생애 최고의 축제다. 그날이 언제가 될지는 신을 제외하고는 그 누구도 모른다. 우리는 다만 매일매일 그날이 다가오고 있다는 생각으로 하루하루를 열심히 감사하며 살아갈 뿐이다.

건강한 몸과 마음을
최우선으로 하는 사람들

아흔두 살인 실비아(Sylvia G.)는 2001년 남편과 사별하고 몇 개월 후 자신도 그만 중풍으로 쓰러졌다. 빈집에 혼자 있던 그녀는 사흘이나 앓다가 기적적으로 발견되어 병원에 옮겨질 수 있었다. 다행히 좋은 의사를 만나 어느 정도 몸을 회복한 다음 휘트니 센터로 와서 생활하게 되었는데, 지금도 그때 생각을 하면 끔찍하다고 한다.

아무도 돌보지 않는 가운데 사흘이나 쓰러져 있으면서 혼자 참 많은 생각을 했다는 그녀. 그녀 자식들 역시 어머니에게 이런 일이 벌어질 것이라고는 상상도 하지 못했다고 한다.

젊은 시절 그녀는 미국 인구조사부에서 일하기도 했고, 출판 편집자를 거쳐 전쟁이 일어나자 전쟁 물품 관리부서에서 일하기도 하는 등 다양한 경험을 한 사람이었다. 또한 학업에 대한 열의도 뛰어나서 경제학 학위까지 받고, 젊은 시절에는 도전과 개척 정신으로 늘 새로운 일을 시도하는 열정적인 사람이었다.

하지만 노년에 병으로 인생 최대의 위기를 맞이한 그녀는 가장 큰 삶의 가치를 '건강한 몸과 마음'에 두고 있다. 그녀는 영화 동호회원으로 활발히 활동하며 보다 많은 사람을 만나 경험을 나누고, 그것을 통해 늘 새로운 것을 배우려는 적극적인 삶을 살고 있다. 또한 어렵게 되찾은 건강을 오래도록 유지하기 위해 시니어 올림픽과 에어로빅 프로그램에도 참여하는 등 역동적인 제2의 삶을 살아간다.

1999년 남편과 사별한 후 휘트니 센터에 온 아흔 살의 리아(Rhea K.)도 건강이 허락하는 범위 내에서 무엇이든 도전하는 삶을 살고 싶다고 한다. 2년여 동안 무릎 관절염으로 고생하면서 좀 더 건강할 때 하고 싶은 많은 일을 하지 못한 것을 크게 후회했다는 그녀. 지금 할 수 있는 일도 곧 할 수 없는 날이 올 것이라며 무엇이든 당장 시작하라는 충고를 한다. 그리고 그녀는 자신에게 있어 오늘은 내일보다는 한 치라도 더 건강한 날이라고 덧붙였다.

전직 대학 교수인 찰스(Charles F.)는 아흔네 살인데 노인성 치매에 걸린 아내를 돌보며 몹시 가슴 아픈 시간을 보냈다. 아내가 집도 찾지 못하고 급기야 남편인 자신도 알아보지 못했다니, 그 고통이 얼마나 컸을지 짐작이 된다. 얼마 후 의사의 권유로 아내를 전문 센터로 보내고, 자신은 휘트니 센터에서 생활하며 하루에 두 번씩 아내를 만나러 간다. 전문 센터에서 생활하면서 병세가 조금 호전된 아내는 이제 가끔 그에게 미소를 지어 보이기도 하고, 손을 잡아 주기까지 한단다. 오랜 시간 아내를 간병하며 그는 자신의 건강은 스스로 지켜야 한다는 사실을 가슴 깊이 느끼게 되었다고 한다.

그의 일과는 건강을 유지하기 위한 다양한 프로그램으로 구성되어 있다. 매일 한 시간 정도 러닝머신 위를 빠르게 걸으며 운동을 하고, 에어로빅과 피트니스 수업에도 빠지지 않고 참석한다. 소식을 생활화하며 최대한 스트레스를 받지 않기 위해 스스로 감정을 컨트롤하기도 한다. 주말이면 자녀들 집을 방문해 농장 일을 거들거나 손녀를 돌보는 등 기분 전환도 하고 가족들과 행복한 시간을 보내고 돌아온다.

매일 아침 휘트니 센터 지하 운동실에서 러닝머신 위를 빠르게 걷고 있는 사람을 본다면 그가 바로 찰스일 것이다.

일흔세 살인 시드니(Sydney S.)는 초등학교 교장 선생님으로 일한 사람이다. 그는 휘트니 센터에서도 운동 마니아로 통하는데 하이킹을 즐긴다. 그에게 하이킹은 인생을 즐겁게 살 수 있는 중요한 방법이라고 한다.

휘트니 센터에 오기 전 그는 매주 주말 하이킹을 했고, 애팔래치아 하이킹 그룹에서 리더로 활동하기도 했다. 휘트니 센터에서도 입주민들에게 직접 하이킹을 가르쳐 주고 있다. 휘트니 센터에서 워크숍 동호회 회장이자 정원 가꾸기 동호회 회원으로 활동하는 그는 토마토 농장도 가꾼다. 땀 흘려 일군 밭에서 수확한 토마토를 팔아 얻은 수익금은 고용 기금으로 기부한다.

뉴헤이븐 마라톤 대회에서 1등을 한 적도 있다는 그는 사람들과 함께 운동을 할 때 갖게 되는 유대감과 친밀감 또한 중요하다고 말한다. 긴 마라톤 코스를 달리며 서로를 응원하고 격려하다 보면 그 무엇과도 바꿀 수 없는 행복을 느낀다고 한다. 그리고 그 힘으로 1등을 할 수 있었다고 한다. 그는 활동적으로 살지 않으면 삶의 생기는 곧 잃게 된다는 진심 어린 충고를 하기도 했다.

열정으로 노년을 즐기는 사람들

노인성 치매에 걸린 남편을 간호하며 간병인을 위한 책까지 집필한 아흔네 살의 마저리(Margery M.)는 휘트니 센터에서 가장 계획적인 삶을 사는 사람으로 정평이 나 있다. 그녀는 매일 아침에 자리에서 일어나자마자 무엇을 하며 하루를 보낼 것인가를 종이에 기록한다. 그리고 그 계획을 실천하면서 분주한 나날을 보낸다.

아트 동호회에서 활동하는 그녀는 조각을 즐겨 하는데, 솜씨가 아주 뛰어나다. 혹시 전직 조각가였나 생각했는데 놀랍게도 예순여섯 살에 처음으로 조각을 배웠다고 한다.

그녀는 자신의 조각 작품을 보고 감탄하는 사람들에게 조각은 자기 삶의 새로운 도전이며 미래라고 말한다. 그녀는 과거보다는 현재에, 현재보다는 미래에 더 큰 희망을 품고 열정적인 하루하루를 살아간다. 그녀 역시 건강 관리에 각별히 신경을 쓰고 있지만 나이를 고려해 몸을 혹사시키지 않는 범위 내에서 여러 활동을 즐기듯 한다.

그녀는 나이와 죽음에 대한 두려움을 극복할 수 있는 방법으로 바쁘게 사는 것만 한 게 없다고 늘 말한다.

여든세 살인 조지(George S.)는 휘트니 센터에서 회계를 담당하고 있다. 그는 음악 동호회에서도 활동하고 있으며, 과거에 자신이 근무하던 학교에 지금도 종종 나가고 있다. 수학을 전공한 그는 요즘에도 수학 문제를 푸는데, 문제를 해결했을 때 맛보는 성취감은 어떤 즐거움과도 바꿀 수 없다고 한다. 또 얼마 전부터 시작한 프랑스어 공부와 고난이도 퍼즐 맞추기는 그의 삶에 새로운 활기와 즐거움을 준다고 한다.

자신의 학문인 수학에 대한 애정이 지극한 그는 삶이 멈추는 순간까지 수학에 대한 연구와 탐구를 지속하고 싶다는 소망을 가지고 있으며, 이를 통해 사회에 기여할 수 있다면 더욱 행복할 것이라고 말한다. 정의감이 투철한 그는 센터 내의 크고 작은 문제를 위원회와 상의해 해결하는 일을 도맡아 한다.

그를 보면 진정 노년을 즐긴다는 생각이 절로 든다. 그는 자신의 삶을 구성하고 있는 모든 일과 만남이 소중하고 즐겁다고 입버릇처럼 말한다. 그리고 나이는 피할 수 있는 것이 아니지만 현재 누리고 있는 것에 감사하고 새로운 흥밋거리를 찾기를 멈추지 않는다면 삶은 훨씬 더 즐거워질 것이라고 조언한다. 최근 건강이 나빠진 아내가 재활 치료를 하고 있지만, 지팡이를 버리고 걸을 수 있을 것이라는 희망의 끈을 절대로 놓지 않는 그는 열정적인 만큼 긍정적인 사람이다.

아흔세 살의 로버트(Robert L.)는 현직 정치학 교수로 여러 단체에서 리더를 맡고 있다. 백 살을 바라보는 나이에도 현역인 그는 일상이 바쁘기는 하지만 아직 힘들다는 생각은 별로 해 보지 않았다고 한다. 늘 한 가지 일에만 몰입하기보다는 다양한 방면의 일을 도모하면서 삶의 균형을 맞추는 것이 좋다고 말하는 그는 새로운 일을 할 때마다 새로운 정보와 지혜를 얻게 되는 것이 더없이 기쁘다고 한다. 그는 휘트니 센터 스터디 모임에도 열성적으로 참여하는데, 뇌졸중에 걸린 아내에게 직접 녹음한 시를 들려주기도 한다.

그는 나이가 들었기 때문에 누릴 수 있는 이점은 자기 자신만을 위한 시간을 가질 수 있는 것이라고 말한다. 연륜이 쌓일수록 매사를 속단하지 않고 여유롭게 생각할 수 있기 때문이기도 하단다.

휘트니 센터 레지던스 위원회에서 활동하는 그는 휘트니 센터를 위한 규정을 만들기도 했다. 사람들이 모인 곳에 적당한 규제와 규칙이 없으면 서로에게 불편을 줄 수도 있기 때문에 반드시 필요하다 여기는 몇 가지를 생각해 낸 것이다. 때론 사람들의 반대에 부닥치기도 하지만 충분한 대화를 통해 조율하면서 합의점을 찾아가는 그의 지혜는 뛰어나다.

만약 그에게 지금보다 10년쯤 젊어진다면 무엇을 해 보고 싶으냐고 묻자 그는 그저 지금보다 더 많은 일을 하고 싶을 뿐이라고 간략하게 대답했다.

가장 절망적인 순간에도
삶의 의미를 찾는 사람들

　여든일곱 살인 메리(Mary G.)는 어느 날 의사로부터 남편이 언젠가는 스스로 몸을 움직이지 못하게 될 것이라는 청천벽력 같은 통보를 받았다. 뇌에 물이 차는 병에 걸린 남편을 보며 그녀는 앞날에 대한 두려움과 좌절감에 빠졌다. 그러나 그녀는 남편을 간호하는 일을 멈추지 않았고, 어떻게 하면 자식들에게 의존하지 않고 남편을 잘 보살필 수 있을까 궁리한 끝에 휠체어에 몸을 의지한 남편과 함께 휘트니 센터에 들어오게 되었다고 한다.

　그녀는 그 후 2년 반 정도는 온종일 남편에게 매달려 간병을 했다. 그러나 시간이 흐르면서 남편을 무조건 자신이 돌보아 주는 것만이 능사가 아니라는 사실을 깨달았다. 24시간 남편에게 매달려 있는 것은 남편과 자신 모두를 힘들게 하는 일이었기 때문이다.

　남편도 더 이상 이런 생활이 계속되면 서로가 힘들어질 것이라는 점을 이해했다. 그녀는 서로의 일상을 존중할 수 있는 대안을 연구했다. 그 결과 아침에 남편을 찾아가 하루 일정을 설명해 주고 오후에 다시 찾는 방식을 택했다. 그렇게 각자 생활을 하며 스스로의 인생을 지킬 수 있도록 유도했다. 그 덕분에 이들 부부는 힘든 투병과 간병 생활을 지속해 올 수 있었다고 한다.

　그녀는 누군가에게 완전히 의지하는 삶은 그만큼 자신도 고통스럽다고 생각한다. 그리고 그 사실을 깨닫고 자식들에게 의지하지 않고 휘트니 센터에서 남편과 자신의 삶을 스스로 꾸려 나갈 수 있게 된 것이 삶의 가장 큰 기쁨이라고 한다. 또 그녀는 나이가 들었다고 해서 아무런 의식 없이 살아가는 삶은 어떤 의미도 없는 것이라 여긴다.

　그녀는 과거 유방암 수술을 했는데, 지금도 암세포는 매년 자라고 있다고 아주 담담하게 말한다. 하지만 그녀는 암에 걸려 불행하다기보다는 자신도 아파 봤기 때문에 그만큼 남편을 잘 이해할 수 있어 다행이고, 아직도 이렇게 남편과 함께 살 수 있다는 사실에 행복하다고 한다. 그녀는 요즘 남편과 사별한 사람들을 찾아가 말벗을 해 주거나 이웃들과 힘을 모아 형편이 어려운 사람들을 돕는 일을 통해 새로운 삶의 보람을 찾고 있다.

일흔여섯 살의 앤(Anne S.)은 2년 동안 파킨슨병을 앓는 남편을 간병하면서 같은 병으로 고생하는 사람들을 돕는 환자 서포터 활동을 통해 힘든 간병 생활을 견뎌 낼 수 있었다. 그녀의 남편 역시 비슷한 처지에 놓인 사람들과의 교류를 통해 병마와의 힘겨운 싸움을 잘 견뎠다. 피차 병을 앓고 있는 환자들끼리 무슨 큰 도움이 될까 싶지만, 서로 위로받고 격려하며 의외의 희망을 발견하는 계기가 되었다. 또한 같은 병을 앓는 사람들과의 친교를 통해 병의 고통과 공포를 이겨 낼 수 있는 지혜도 얻을 수 있었다.

나으리라는 희망을 가질 수 없는 불치의 병을 앓고 있는 남편을 간병하면서도 그녀가 마지막까지 결코 긍정적인 생각을 버리지 않을 수 있던 데에는 오래전부터 해 온 댄스 세러피(Dance Therapy)의 도움도 컸다.

음악을 틀어 놓고 마음이 가는 대로 몸을 움직여 보라는 치료사의 말에 따라 그녀는 몸을 움직이며 춤을 추다가 무의식중에 자기가 입고 있던 셔츠를 끌어올려 얼굴을 가리고 춤을 추었다고 한다. 당시 그녀의 남편은 작은 도시의 대학 총장이었는데 그녀에게는 그것이 큰 스트레스로 작용했던 모양이다. 자신을 두고 이웃들이 이러쿵저러쿵 이야기하거나 일거수일투족에 필요 이상의 관심을 갖는 것이 불편하고 신경 쓰였다. 하지만 셔츠로 얼굴을 가리고 자신을 거리낌 없이 표현하는 순간 그녀는 자유를 느꼈다. 지금껏 자신을 옭아매고 있던 모든 감정과 시선에서 자유로워진 것이다.

그 후부터 본격적인 댄스 세러피를 공부하게 되었다는 그녀는 춤을 추면서 훨씬 자유롭고 솔직해지는 자기 내면을 만날 수 있게 되었다고 한다.

남편이 세상을 떠난 후 그녀는 휘트니 센터에서 댄스 세러피를 접목한 움직임 수업(Movement Class)을 진행하고 있다. 사람들과 함께 음악을 선정하고 그 음악에 맞춰 다양한 동작으로 자신의 감정을 표현하는 수업인데, 이렇게 솔직한 자기표현을 통해 슬픔이나 분노, 스트레스를 조절하고 해소할 수 있다고 한다.

그녀는 슬픔이나 분노는 그저 묵묵히 견디는 것이 아니라 표현하고 드러냄으로써 자유로워지는 것이라고 말한다. 남편의 힘든 투병을 지켜보며 간병하고, 또 그런 남편을 떠나보내고도 꿋꿋하게 살아가는 그녀의 힘은 이런 감정의 자유에서 나온 것이 아닐까 생각한다.

Epilogue
묵묵히 나의 길을
마지막까지 걸을 수 있다면

　이 책을 쓰면서 휘트니 센터에서 함께 지내는 지인들에게 어떤 책을 쓰고 있는가에 대한 질문을 많이 받았다. 그때마다 나는 '나이 듦에 대하여(About aging)'라고 대답했다. 그러면 그들은 크게 고개를 끄덕이며 미소 지었다. 나이 먹는다는 것에 대해 나와 그들만큼 절감하는 사람들이 없을 것이기 때문이다. 이미 나이를 많이 먹은 사람들이나 나이를 먹어 가는 중년층이 받아들이는 삶의 무게는 다르겠지만, 어떻게 살아야 하는가에 대한 답은 동일하다. 어떤 모습으로 살든 의미 있는 삶을 살아야 한다는 것이다.
　사람이 어느 정도 나이가 들면 조바심이나 초조함은 사라지고 지금껏 내가 어떻게 살아왔는지 반추하면서 더 나은 삶을 살고자 마음먹게 된다. 나이가 들었다고 해서 그저 이제 할 일이 없고 인생 다 살았네 하는 노인들도 있을 것이다. 또 젊은 시절 너무 고생해서 늘그막에는 그저 편히 쉬는 것을 원하는 사람들도 있을 것이다.

　나 또한 편히 쉬고 싶다는 생각을 하지 않은 것은 아니다. 하지만 내가 지금 하는 일이 나와 같은 방향을 걸어가는 후배들과 후손들에게 도움이 된다는 생각을 하면 힘들기는커녕 오히려 힘이 솟았다. 남편을 떠나보낸 후에 찾아온 우울증을 극복할 수 있던 이유도 바로 삶에 대한 용기와 사명감이 있었기 때문이다.

　요즘 내가 가장 많은 시간을 보내는 곳은 서재다. 몹시 고단하여 침실에서 살포시 잠이 들었다가도 문득 중요한 메일이 생각나 서재로 가서 컴퓨터를 켜곤 한다. 이제 책상에 오래 앉아 있기도 힘들지만 메일에 일일이 회신을 하다 보면 어느덧 날이 밝아 온다.

　사람들은 나에게 그 연세에 참 대단하다는 말을 자주 한다. 하지만 내가 보기엔 10년 전의 나의 모습과 지금의 모습에는 큰 차이가 없다. 날마다 오늘 할 일을 계획하고, 하루가 저물면 오늘 어떤 일을 했는지, 또 내일은 어떤 일을 할 것인지를 곰곰이 생각하고 노트에 써 보는 나날의 연속이다.

　이제 나도 예전만큼 일에 속도를 내지는 못한다. 예전이라면 삼십 분 만에 해치울 수 있는 일도 이제는 한 시간 이상 걸린다. 하지만 크게 답답하지는 않다. 이제는 속도를 내서 질주해야 할 시기가 아니라 묵묵히 나의 길을 마지막까지 걸는 일만 남아 있기 때문이다.

눈앞의 성공만을 향해 질주하는 사람이 있다면 잠시 숨을 돌리고 지금껏 어디를 향해 달려가고 있는지 점검해 보았으면 한다. 보다 많은 사람이 나를 발판 삼아 더 많은 일을 해낼 수 있도록 하는 것이 나에게 남은 마지막 사명이다. 나의 이런 마음을 이 책을 읽는 사람들만큼은 알아주었으면 한다.

이 책이 나오기까지 많은 도움과 조언을 아끼지 않은 모든 분에게 감사의 말을 전한다. 이 책에 대한 아이디어를 제공하고 원고가 나오기까지 많은 도움을 준 중앙북스의 송미진 본부장과 조한별 씨. 그리고 동암문화연구소의 심은섭 박사, 장은영 씨와 김영애 씨. 이번 작업을 격려하고 많은 도움을 준 휘트니 센터의 이사장 도나 디어스(Donna Diers), 크레거리 그래벌(Cregory Gravel) 사장, 마이클 램브로스(Michael Rambarose) 부사장, 아침마다 나의 운동을 도와주고 적극적으로 의견과 도움을 준 스태프 케이트 미클(Kate Meikle), 즐겁게 인터뷰에 응해 주신 휘트니 센터의 모든 지인과 스태프, 휘트니 센터에서의 인터뷰 작업을 도와준 김정희, 그리고 최종 원고 수정 작업을 도와준 동암문화연구소의 2010년 하기 인턴 강하은, 소수연, 송주현, 안혜림, 양영준에게도 감사의 말을 전한다. 이번 집필을 하는 동안 나를 격려해 준 나의 큰딸 경신에게도 감사의 인사를 전한다.

가치 있게 나이 드는 법

초판 1쇄 | 2010년 9월 10일
　　23쇄 | 2011년 11월 9일

지은이 | 전혜성

발행인 | 김우석
편집장 | 서영주
책임편집 | 조한별
편집 | 주은선 배경란 임보아 남연정 박근혜 한진아
마케팅 | 공태훈 김동현 신영병
홍보 | 김미란 김혜원
저작권 | 안수진

북에디팅 | 정연숙
교정·교열 | 신윤덕
디자인 | Design co•kkiri

펴낸 곳 | 중앙북스(주) www.joongangbooks.co.kr
주소 | 서울시 중구 순화동 2-6번지 우편번호 100-732
구입문의 | 1588-0950
내용문의 | 02-2000-6115
팩스 | 02-2000-6174

ⓒ 전혜성, 2010
ISBN 978-89-278-0076-7 03810

값 12,000원

- 이 책은 중앙북스(주)가 저작권자와의 계약에 따라 발행한 것이므로
  이 책의 내용을 이용하시려면 반드시 저자와 본사의 서면 동의를 받아야 합니다.
- 잘못된 책은 구입처에서 바꾸어 드립니다.

베를리너판 중앙일보 1년 됐습니다

나에게 꼭 맞는 정보로
중앙일보가 도와드립니다

'공부의 신' 저자 강성태씨

2010 공부의 신 프로젝트… 진짜 '공신' 강성태가 나섭니다

"저요, 진짜 열심히 공부할 거예요. 진짜 보란 듯이, 이 악물고 열심히 할 거예요."(드라마 '공부의 신'에서 주인공 길품위) 공부를 잘하고 싶은 학생들을 돕기 위해 중앙일보가 올해는 더 많은 교육 전문가들과 대학생 멘토들이 참여하는 '2010 공부의 신 프로젝트'를 펼칩니다. 홈페이지 참조 www.mentokorea.co.kr

KBS 드라마 '공부의 신'(원쪽 사진)은 중앙일보 미디어그룹 자회사 드라마하우스에서 만들었습니다. 베스트셀러 '공부의 신'도 자회사 M&B에서 만들었습니다. 그래서 '공부의 신' 저자 강성태씨도 중앙일보 '2010 공부의 신' 프로젝트에 동참합니다.

취업·창업·재취업… 10대 그룹 인사담당 임원들이 컨설팅합니다

서울시일자리플러스센터와 대한상공회의소, 노사공동재취업지원센터와 DBM코리아(전직 지원 서비스업체)의 재취업 전문가들이 팔을 걷어붙였습니다. 중앙일보 취업 담당 기자 e-메일 khkim@joongang.co.kr이나 jong@joongang.co.kr로 신청해 주세요.

재테크… 국내 최고 전문가 24명이 상담합니다

부동산·보험·증권·금융 등 각 분야의 국내 최고 전문가 24명이 6개 팀을 이뤄 상담해 드립니다. 재산리모델링 센터(mindwash@joongang.co.kr, 02-751-5852~3)로 신청하면 됩니다. 자세한 내용은 매주 화요일자 경제섹션의 재산리모델링 상담면을 참고.

중앙일보 중앙일보를 구독하시려면 전화 02-751-5114 고객센터 1588-3600 온라인 www.joins.com 중앙일보에 광고를 내시려면 전화 02-751-5555